AF349257

La SABIDURÍA DE LAS BRUJAS

La SABIDURÍA DE LAS BRUJAS

RITUALES Y MAGIA PARA AQUELARRES
DE DOS O MÁS PERSONAS

DEBORAH BLAKE

Traducción de Jeannine Emery

KEPLER

Argentina – Chile – Colombia – España
Estados Unidos – México – Perú – Uruguay

ÍNDICE

★ SECCIÓN 1 ★
ELEMENTOS BÁSICOS PARA PRACTICAR EN GRUPO

★ SECCIÓN 2 ★
ELEMENTOS BÁSICOS DE UN RITUAL

★ SECCIÓN 3 ★
ALGUNOS TIPOS DE AQUELARRES MODERNOS

★ SECCIÓN 4 ★
CÓMO EMPEZAR

★ SECCIÓN 5 ★
CELEBRAR LOS SABBATS

★ SECCIÓN 6 ★
CELEBRAR LA LUNA LLENA Y EL CICLO LUNAR

★ SECCIÓN 7 ★
EL AQUELARRE HABILIDOSO

★ SECCIÓN 8 ★
RITUALES CON UN OBJETIVO

★ SECCIÓN 9 ★
ESPÍRITU Y ADIVINACIÓN

INTRODUCCIÓN

Cuando escribí *Circle, Coven & Grove: A Year of Magical Practice* («Círculo, aquelarre y huerto: un año de práctica de la magia») había estado dirigiendo mi grupo, el Círculo de la Luna Azul, desde hacía un año. Lo escribí, básicamente, porque era el libro que me hubiera gustado leer cuando empecé a liderar un nuevo aquelarre: ofrecía los rituales anuales para lunas nuevas, lunas llenas y sabbats, así como algunas herramientas básicas y consejos. Se basaba en nuestra actividad y los rituales del libro eran los que yo había creado para que los utilizáramos nosotros. Como mi primera suma sacerdotisa había sido wiccana, el libro y los rituales que contenía tenían un enfoque wiccano, lo cual no tiene nada de malo; nos funcionó en su momento y suele seguir funcionando.

Sin embargo, la brujería moderna está en continuo cambio y muchas brujas que quieren ponerla en práctica con otras personas no se sienten atraídas por el estilo gardneriano de la wicca, que tiene un sumo sacerdote y una suma sacerdotisa, así como iniciaciones y niveles. Muchas de ellas no quieren, directamente, nada que sea solemne; tan solo quieren pertenecer a algún aquelarre. Por los correos electrónicos y mensajes que recibo, me he dado cuenta de que muchas brujas están buscando un grupo y no encuentran ninguno, o están interesadas en crear el suyo, pero no saben por dónde empezar.

Muchas personas que conozco practican su magia en grupo de formas muy diferentes al aquelarre tradicional. Mi amiga Lisa tiene una amiga con la que hace sus rituales todos los sabbat (días festivos). Mi hija Jenn tiene un grupo de amigos con los que se reúne periódicamente para hacer rituales con quien esté disponible en ese momento, pero no tienen un círculo organizado ni un líder (aunque ella suele ser quien los dirige). El Círculo de la Luna Azul y yo solemos ir a una celebración de Beltane organizada por un grupo más grande que reúne a sus principales integrantes con visitantes que han sido convocados por alguien que ya ha participado y que, a partir de ese momento, puede asistir por su cuenta.

La actividad que desarrollo en grupo también ha evolucionado con el paso de los años. Dieciocho años después, el Círculo de la Luna Azul sigue existiendo y cuenta con las tres integrantes que lo fundaron, así como con otra integrante veterana y un par nuevas. No obstante, hemos experimentado cambios, pasando de tres miembros a más de una docena, y luego menos otra vez. Durante un tiempo nos abrimos a nuevas componentes, aunque más tarde cambiamos de opinión y volvimos a ser un grupo cerrado, salvo en raras circunstancias. Nos hemos convertido en un grupo exclusivamente de mujeres, aunque no haya sido de forma intencionada, y hemos concluido que esto es lo que nos gusta.

Ya no digo que soy una suma sacerdotisa wiccana como al principio, porque nuestra actividad se ha vuelto más ecléctica y se aleja de la wicca clásica. Y, después de todos estos años, tenemos una relación de igualdad, aunque sea yo quien escriba normalmente los rituales. Casi hemos dejado de reunirnos para las lunas nuevas y lo más probable es que lo hagamos para los sabbats y que celebremos las lunas llenas por nuestra cuenta, debido a nuestros diferentes horarios y a que las integrantes más mayores no pueden conducir de noche.

Algo que he aprendido a lo largo de los años es que las condiciones externas prevalecen sobre nuestros objetivos espirituales.

Las últimas ocasiones en que me preguntaron sobre la magia en grupo, decidí que ya no recomendaría *Circle, Coven & Grove* como un libro de consulta para un aquelarre, o al menos no para todo el mundo. (Aunque los rituales siguen funcionando muy bien en la mayoría de casos, y la gente todavía parece aprovecharlos). Necesitaba un libro nuevo que fuera dirigido a las brujas modernas, muchas de las cuales quizá no forman parte de ningún aquelarre o ni siquiera deseen pertenecer a uno.

Y así, como sucedió la primera vez, decidí escribir el libro que habría querido leer. *Sabiduría de brujas* abarca todo lo que he aprendido en más de dieciocho años dirigiendo un grupo. Y, aunque servirá a las brujas wiccanas más tradicionales, también satisfará las necesidades de aquellas brujas que buscan una alternativa a la magia convencional que se hace en grupo, así como a las personas que se hallan entre ambos extremos. Ya sea para dos personas o para veinte, para los que quieran practicar regularmente con un grupo comprometido o de vez en cuando con una o varias amigas, este es un libro para la bruja moderna.

SECCIÓN 1

eLementos Básicos
para practicar en grupo

Puede que hayas decidido que la brujería es el camino espiritual ideal para ti, o que hayas estado practicando la magia desde hace un tiempo y quieras compartir esta actividad con otras personas que tengan ideas afines. O puede que sea tu momento de unirte a un aquelarre. Tal vez sea, incluso, el momento de empezar el tuyo propio. Pero ¿por dónde empezar?

Te sugiero que empieces haciéndote unas preguntas básicas. Estas resultan útiles tanto si estás considerando unirte a un grupo que ya existe como si quieres crear uno desde cero.

¿Estás creando un aquelarre nuevo o uniéndote a uno existente?

Hay mucho que considerar cuando estás creando un grupo nuevo o formalizando uno al que quieres dar cohesión. Muchas de estas cuestiones también son adecuadas si estás pensando en unirte a un grupo ya existente y te preguntas si es el lugar adecuado para ti.

No tienes por qué tener todas las respuestas el primer día, pero es buena idea que te asegures de que todas las participantes estáis en la misma onda antes de comprometerte con ellas en una actividad espiritual a largo plazo.

Dependiendo de la personalidad de las participantes, puede que lo acabes decidiendo sobre la marcha, pero si estás empezando desde cero, estas son algunas cuestiones que deberías plantearte. Si no, podrías estar invirtiendo mucho tiempo y esfuerzo creando algo para descubrir luego que solo funciona para la mitad de las participantes o que incluso las decepciona a todas.

Al igual que en cualquier otro grupo que cuente con varias personas, la clave del éxito es una buena comunicación.

¿Cuántos miembros debería haber y con qué frecuencia deberían reunirse?

Estas son dos preguntas básicas que deberías hacerte antes de formar un grupo: ¿qué tamaño de grupo deseas y con qué frecuencia quieres reunirte? Si no te pones de acuerdo en estos puntos, sin duda aparecerán complicaciones más adelante.

Puede que ya conozcas la respuesta a la primera pregunta si estás practicando la magia con una o dos personas y no tenéis intención de ampliar vuestro círculo. O, como sucede en algunos grupos, puede que seáis un conjunto indefinido de personas con ideas afines y que no tengáis ningún problema en incluir a cualquiera que aparezca cuando hacéis un ritual.

Cuando comenzó el Círculo de la Luna Azul, teníamos tres integrantes principales, pero también había varias brujas con las que yo había practicado en mi primer grupo, además de varias brujas que conocía de la comunidad local, a las que invitábamos a nuestros rituales de sabbat, que eran más grandes. Durante nuestros primeros años, esto significó que teníamos un grupo regular pero cambiante de personas, y el número oscilaba entre seis y dieciséis participantes. Sin embargo, reservábamos los rituales de la luna llena para las que pertenecían a nuestro propio círculo, ya que eran más íntimos e intensos.

De todos modos, con el tiempo decidimos que queríamos algo más comprometido y que no dependiera de las ganas que tuvieran las personas de venir. Así que dejamos de invitar a quienes no pertenecían al grupo, excepto en determinadas circunstancias. Básicamente, pasamos de ser un círculo «abierto» (en el que cualquiera era bienvenido) a uno «cerrado» (restringido a integrantes y personas invitadas).

Sin embargo, había excepciones. A veces alguna de nosotras tenía una amiga que mostraba interés por aprender más sobre la brujería o una lectora de mis libros me pedía asistir a un ritual. No tengo ningún problema con la curiosidad (después de todo, yo no supe que era una bruja hasta que me invitaron a mi primer ritual y descubrí que la brujería era el camino espiritual que siempre había estado buscando), y cuantas más personas sepan que las brujas son como todo el mundo, mejor.

De vez en cuando incorporábamos a una nueva integrante de esta manera, pero, desde los inicios, el grupo acordó que solo aceptaría gente nueva cuando hubiera asistido a algunos rituales para ver si encajaba y, en ese caso, solo si todo el Círculo de la Luna Azul estaba de acuerdo. A lo largo de los años, la cantidad de miembros fluctuó a medida que entraban y salían, pero al final terminamos con nuestro grupo original, además de una persona que también había asistido desde el principio (pero que no había estado segura de ser una bruja), y seguimos así durante mucho tiempo. En el último año hemos aceptado a dos personas nuevas, una de las cuales fue una compañera de piso que tuve al principio de la pandemia. ¡Menos mal que resultó ser una bruja!

En el Círculo de la Luna Azul, tardamos bastante tiempo en decidirnos, pero lo que funcionaba mejor para nosotras era un grupo más pequeño. Eso puede ser o no lo que funcione para ti, pero como grupo deberíais empezar por un acuerdo general sobre los siguientes puntos y estar dispuestas a realizar ajustes si la forma en que empezasteis no funciona del todo.

¿Cuántas personas deberían integrar el grupo?

¿Queréis un grupo pequeño e íntimo, grande y que incluya a todo el mundo, o algo intermedio? Si todas las integrantes no queréis lo mismo, puede que este sea un punto en el que haya que ponerse de acuerdo. Por ejemplo, teníamos un par de integrantes a las que no les importaba el tamaño, yo prefería algo más grande y una integrante tenía una fuerte preferencia por algo más pequeño.

Así que al final nos decantamos por un grupo más pequeño, y yo iba de vez en cuando a un ritual más grande organizado por otra persona. Para nosotras esto es lo que mejor ha funcionado. (Y con el tiempo yo también preferí un grupo más pequeño, así que todo salió bien).

¿Quién puede invitar a personas nuevas?

¿Solo la persona que dirige el grupo (si la hay)? ¿Cualquiera? ¿Cualquiera pero solo si todas las integrantes están de acuerdo? Sin duda, deberíais discutirlo con antelación, sobre todo si hay miembros del grupo que todavía no han «salido del armario» y no quieren que haya personas desconocidas que estén al tanto de que son brujas.

¿Las personas que asisten tienen que ser conocidas?

Algunos grupos abiertos hacen públicos los horarios de sus rituales y cualquiera que lo desee puede acudir. Otros admiten a desconocidas si alguien del grupo las avala. Algunos aquelarres solo permiten la asistencia de invitadas si una integrante del grupo las conoce bien.

¿Solo os interesan las personas que tienen experiencia en la práctica de la brujería o estáis dispuestas a explicar cómo funciona todo y a guiar a las nuevas participantes en cada paso del ritual?

Discutiremos en detalle sobre ello más adelante, pero se trata de un punto importante. Enseñar a brujas inexpertas es un compromiso importante, y cambia la energía del aquelarre. Ninguna de estas cosas es necesariamente negativa, pero es algo que debéis tener en cuenta.

¿Con qué frecuencia queréis reuniros?

Esto variará de un aquelarre a otro, dependiendo tanto de lo que cada persona busque en una actividad en grupo como de lo que sus horarios le permitan. El primer grupo al que pertenecí se reunía semanalmente todos los jueves y a veces también los sabbats. La suma sacerdotisa que lo dirigía lo llamaba «grupo de estudio» en lugar de «aquelarre», y se centraba en la enseñanza y la puesta en práctica.

Cuando creé el Círculo de la Luna Azul, nos reuníamos para los sabbats y para las lunas llenas y nuevas. Con los años nuestras vidas se han vuelto más ajetreadas y nuestros horarios más complicados, así que solo podemos reunirnos para los ocho sabbats y, a veces, entre ellos. Hemos renunciado por completo a las lunas nuevas.

No hay una cantidad «correcta» de veces; solo lo que funciona mejor para las personas de tu aquelarre. Si tienes algunas personas comprometidas con el grupo pero que solo pueden asistir de vez en cuando, eso también está bien siempre y cuando el resto lo considere aceptable.

¿Dónde os reuniréis?

En cuanto a dónde reunirse, hay varias opciones, pero el lugar donde lo haga tu aquelarre dependerá de muchas variables, algunas de las cuales pueden estar fuera de tu control.

Por ejemplo, dependiendo de donde vivas, quizá haya espacios públicos que podáis utilizar. Algunas iglesias unitarias universalistas tienen un cabildo CPUU (Convenio de Paganos Unitarios Universalistas) o están dispuestas a formar uno. Mi antigua suma sacerdotisa acudía a nuestra iglesia unitaria universalista local y le dejaban utilizar el espacio para sus rituales. De hecho, hicimos muchos de nuestros rituales públicos ahí, lo cual es estupendo si tienes un grupo dispuesto a acoger a cualquiera. Yo misma dirigí un año un ritual en Yule al que asistieron más de cincuenta personas. ¡Eso nunca hubiese sido posible en casa de alguien!

También podríais utilizar un espacio en una tienda esotérica o en una tienda de alimentos ecológicos o plantas medicinales. A veces, este tipo de locales tienen habitaciones traseras que alquilan para actividades en grupo. Las bibliotecas y los centros comunitarios suelen tener también salas para alquilar o incluso gratuitas.

También hay espacios públicos al aire libre, como parques y bosques. El primer ritual al que asistí se celebró en un parque que, casualmente, estaba junto a la casa de la suma sacerdotisa. Era un entorno precioso e increíblemente privado porque ya había oscurecido en Samhain (Halloween). Al parecer, un policía que iba en bicicleta se detuvo un momento para ver lo que estaban haciendo todas esas personas extrañas. La mayoría de nosotras, yo incluida, estábamos tan absortas en el ritual que no nos dimos cuenta de que estaba allí.

Si utilizáis un espacio público, tened en cuenta que puede haber normas que prohíban los fuegos, ya sean velas u hogueras, y que en los entornos al aire libre, como aquel en el que nos encontrábamos nosotras, no tendrás control alguno sobre las personas que pasen por allí. Si eso no es un problema y no tenéis otro lugar para reuniros, vale la pena investigar estas opciones. Como brujas, estar al aire libre puede ser una ventaja, especialmente en las noches de luna llena.

Otra opción es reunirse en un lugar más privado. La mayoría de aquelarres se reúnen en la casa de una de sus integrantes, a menudo en la de quien dirige el grupo. Algunos grupos se turnan para reunirse en la casa de diferentes personas, lo que puede quitar la presión a una integrante en particular de tener que limpiar y organizar siempre su espacio, por no mencionar la preparación del ritual.

El Círculo de la Luna Azul suele reunirse en mi casa, en parte porque dispongo de un bonito espacio ritual al aire libre que se encuentra detrás del granero y que podemos utilizar cuando la meteorología lo permite (lo que en el estado de Nueva York no es muy frecuente), y también porque hay suficiente espacio bajo techo si no podemos estar fuera. Mi casa también está en el campo y es muy privada, lo cual es toda una ventaja cuando bailamos y cantamos alrededor de una hoguera.

Sin embargo, nos hemos reunido en la casa de otra integrante cuando esta otra quería ser la anfitriona del ritual, y hemos celebrado los festines (sin señales de brujería) en casa de otra a cuyo marido le gustaba el grupo pero no se sentía cómodo con la brujería.

Un par de cosas que debes tener en cuenta a la hora de decidir dónde reuniros:

- ◗ ¿Están a gusto todas las integrantes del grupo mostrándose en público y admitiendo que son brujas? Si tenéis integrantes que todavía lo están ocultando, especialmente si tienen trabajos donde podría ser un problema o familiares con prejuicios, tendréis que encontrar un lugar privado. (Yo tengo la suerte de vivir en una zona bastante tolerante, pero hay algunos lugares de Estados Unidos y de otros países donde la brujería sigue siendo incomprendida. En estas circunstancias, las reuniones públicas no serían una buena opción).

● Si alguna integrante de tu aquelarre comparte piso con otras personas, tendrá que pensar si les gustaría que se celebrara allí un encuentro mágico. Si hay niños, ¿habrá actividades inapropiadas o que no entiendan? A veces se puede evitar este problema celebrando los rituales cuando los hijos, compañeros de piso, pareja o padres que lo desaprobarían no están en casa. Pero, si no podéis hacerlo, sería mejor que os reunáis en otro lugar.

● Si hay más de una integrante que tenga una casa que pueda funcionar como sede, ¿queréis reuniros siempre en el mismo lugar o preferís turnaros? En cualquiera de los casos hay beneficios, por lo que se trata sobre todo de lo que prefiráis. Practicar siempre en el mismo lugar puede ser muy cómodo, y cualquier lugar en el que os reunáis de forma seguida para hacer magia acabará adquiriendo una energía poderosa. Por otro lado, puede ser divertido turnarse como anfitriones, además de exigir menos esfuerzo si se comparte la carga. Una vez más, esto es algo que hay que discutir cuando se está empezando una actividad en grupo, pero tened en cuenta que siempre podéis intentarlo de una manera y cambiar a otra si no funciona.

● Si decidís practicar en el exterior, ya sea en un espacio público lo bastante privado, como un bosque o un parque aislado, o en casa de alguien, considerad que siempre existe la posibilidad de que os vean (así que si pretendéis hacer vuestros rituales mágicos desnudas, deberéis tener cuidado con el lugar que escogéis). También habrá que contemplar otros aspectos, como el clima, los insectos o las alergias, por ejemplo. Suele ser una buena idea disponer de un espacio interior alternativo por si el pronóstico de cielo despejado se convierte en una lluvia torrencial.

Soy una gran defensora de celebrar rituales al aire libre siempre que sea posible para conectar con la tierra, la luna y el resto de la naturaleza, pero te aseguro que, en pleno invierno en el norte del estado de Nueva York, estaremos en mi sala de estar, no en mi patio trasero. Además, si tu idea es encender un fuego en el exterior, debes tener en cuenta la normativa. Si existe una prohibición al respecto, no podrás hacer una hoguera y deberás extremar las precauciones con las velas. La Madre Naturaleza no aprobaría que provocaras un incendio forestal.

¿Grupo informal o comprometido?

Este es un tema importante que debe discutirse al crear un aquelarre o al unirse a uno ya existente. Diferentes personas tienen diferentes expectativas y deseos cuando se trata de practicar la brujería con otros, y he visto a más de un grupo tener problemas cuando algunas integrantes pensaron que solo se reunían cuando les convenía y otras creyeron que formaban parte de un grupo comprometido.

Hay que asegurarse de que todo el mundo esté de acuerdo o aparecerá la decepción, el resentimiento y, probablemente, una disputa en el futuro.

Esto no quiere decir que no se pueda empezar de una manera informal e ir comprometiéndose cada vez más con el aquelarre (mi primer grupo acabó haciéndolo después de varios años en que la gente iba y venía), o incluso hacerlo al revés. Tan solo significa que, ya seáis dos personas o diez, todas debéis estar de acuerdo en lo que se espera de vosotras y en el enfoque que adoptará vuestra práctica de la magia.

Como ya he mencionado, el Círculo de la Luna Azul siempre ha tenido un núcleo pequeño y comprometido, aunque durante muchos años estuvimos abiertas a que se unieran a los rituales otras brujas que conocíamos. Sin embargo, solían ser personas que venían habitualmente, no cualquier desconocida, y no permitíamos que nadie que no fuera una de las principales integrantes trajera a una invitada sin consultarlo antes conmigo.

Básicamente, hay dos tipos de aquelarres diferentes: abiertos y cerrados. Un aquelarre abierto está dispuesto a que asistan personas ajenas al grupo, y un aquelarre cerrado es solo para aquellas que lo integran. Obviamente, también hay situaciones intermedias. El Círculo de la Luna Azul es un aquelarre cerrado, pero de vez en cuando invitamos a algunas amigas a que participen, y si hay alguien que pensamos que podría encajar bien en el grupo, puede que la acojamos varias veces como invitada antes de ofrecerle unirse de forma permanente.

Los aquelarres abiertos puede que no sean un grupo comprometido (lo que no significa que las personas que participan en ellos no estén comprometidas con la práctica de la brujería, sino que no se espera que todas asistan regularmente). Los aquelarres cerrados suelen exigir mayor compromiso, pero eso no significa que no puedan tener un estilo de brujería más relajado.

Por ejemplo, durante el primer año de COVID-19, el Círculo de la Luna Azul solo consiguió reunirse unas pocas veces: para el solsticio de verano y el equinoccio de otoño, cuando hacía suficiente calor para estar fuera, llevando mascarillas y manteniendo la distancia. Normalmente habríamos hecho algún tipo de ritual, pero ninguna de nosotras estaba de ánimos para un trabajo espiritual profundo, así que acordamos simplemente reunirnos y celebrar una comida alrededor del fuego. En ese momento, estar juntas era suficiente celebración de nuestro vínculo mágico.

Así que, tanto si decidís ser un grupo informal como uno más comprometido, tened en cuenta que está bien ser flexibles a la hora de practicar la magia, siempre y cuando todas las integrantes estéis de acuerdo. Más adelante profundizaremos en los diferentes tipos de actividades que pueden hacerse en grupo.

¿Quién lo dirige?

En los aquelarres wiccanos tradicionales, casi siempre había un sumo sacerdote o una suma sacerdotisa que dirigía el grupo, a menudo tras haber pasado por tres niveles de formación con otros sumos sacerdotes o sumas sacerdotisas y haberse independizado para liderar su propio aquelarre. Hoy en día, todavía hay algunos grupos que son dirigidos de esta manera, pero también hay muchas opciones que han superado dicho modelo.

De ninguna manera estoy denigrando a la wicca. Yo empecé en una rama de la wicca y gran parte de mi práctica tiene esas raíces. La brujería moderna no habría alcanzado el nivel del que goza actualmente sin todos los líderes wiccanos que la volvieron a traer a la luz pública. Solo digo que, aunque funciona para algunas brujas, no lo hace para todas, y hay muchas otras alternativas para practicar la brujería. Como me oirás repetir muchas veces en mis libros, no hay una forma correcta; solo la forma que es correcta para ti.

El grupo donde pasé mis primeros seis años como bruja estaba dirigido por una suma sacerdotisa que había recibido su formación en un aquelarre wiccano tradicional. Cuando celebrábamos rituales públicos solemnes, uno de los hombres del aquelarre solía hacer de sumo sacerdote, pero solo durante el ritual en sí mismo. El resto del tiempo, ella era la suma sacerdotisa.

Nunca ha habido ningún integrante masculino en el Círculo de la Luna Azul, aunque de vez en cuando hemos tenido algún marido o amigo invitado, así que siempre hemos estado dirigidas por mí como suma sacerdotisa. Hoy en día tenemos un estilo mucho más relajado, y ya ni siquiera uso el título, aunque casi siempre sea yo quien crea y dirige el ritual.

Fue una decisión personal que tomé porque creo que, después de todo este tiempo, todas somos iguales. Cada una de nosotras es una sacerdotisa por derecho propio y, por tanto, nadie estaría por encima de las demás. Y, sinceramente, tampoco nos importa. Algunos aquelarres tienen sumos sacerdotes o sumas sacerdotisas, pero el nuestro no.

En algunos casos, como el de mi amiga Lisa y su amiga con la que practica la magia, simplemente no hay personas suficientes para molestarse por el liderazgo. En otros casos, cuando la actividad fluye de forma más libre y espontánea, quien tenga ganas de proponer el ritual y organizar dicho encuentro seguramente será quien lo dirija. En el caso de grupos como este, el liderazgo es un papel temporal.

Para algunos aquelarres, esto no será objeto de debate. Si, por ejemplo, el grupo fue fundado por una o dos personas, quizá hayan asumido automáticamente el papel de líder. En muchos aquelarres, incluido el mío, ¡nadie más quiere el puesto! Si te unes a un aquelarre que ya existe, este aspecto ya estará bien establecido de antes.

Si estás creando un nuevo aquelarre e invitando a otros individuos a unirse, tal vez quieras reflexionar sobre si este es un papel que quieres establecer de un modo permanente o si solo quieres poner las cosas en marcha y dejar que la gente se vaya turnando para ejercer como tal. Si un grupo de personas se reúne con el objetivo de iniciar un aquelarre, tendréis que discutir la cuestión del liderazgo al principio para que no haya malentendidos.

Ten en cuenta que no hay una forma correcta o incorrecta de resolver esta cuestión. Muchas brujas modernas pueden sentirse incómodas con los términos «sumo sacerdote» y «suma sacerdotisa»; siempre podéis referiros a la «líder del aquelarre» o la «facilitadora» o cualquier otra palabra con la que os pongáis de acuerdo. O quizá decidáis que no queréis una líder *per se*, y solo os pongáis de acuerdo respecto a ciertos roles: una persona escribe el ritual, otra organiza el festín y una tercera limpia y prepara el espacio. Solo porque estos trabajos hayan sido realizados tradicionalmente por quien dirige el aquelarre no significa que tenga que ser siempre así. Hoy en día cada aquelarre es diferente.

¿Quién es bienvenido?

Una cosa que puede que no tengáis en cuenta a la hora de empezar un nuevo aquelarre es el tipo de integrantes que queréis tener. En la emoción de embarcarse en una nueva aventura espiritual es fácil pensar: «¡Queremos a todo el mundo!», como me pasó a mí.

Habiendo formado parte de un grupo grande que se ampliaba constantemente, cuando me propuse crear el Círculo de la Luna Azul (de hecho, el nombre vino después), creí que eso era lo que quería: un grupo variado, con todas las personas afines que pudiera encontrar, con TODAS LAS BRUJAS.

Las fundadoras del grupo fuimos tres: dos mujeres a las que apenas conocía, y que habían practicado durante años por su cuenta porque no habían encontrado un aquelarre adecuado, y yo. Durante el primer y segundo año, aunque invitábamos a muchos amigos a los rituales del sabbat, en las lunas llenas y nuevas solo estábamos nosotras tres. De hecho, éramos un grupo tan pequeño que, si una de nosotras no podía ir, a menudo lo cancelábamos. Así que, al principio, solo nos reuníamos muy de vez en cuando.

Al principio estuve decepcionada porque había estado segura de querer un aquelarre más grande, pero con el tiempo me di cuenta de que, en realidad, uno más pequeño me convenía más, tanto por mi personalidad como por la forma en que practico la magia. Los grupos pequeños pueden ser mucho más íntimos y es más fácil concentrarse cuando hay menos gente. En los grupos grandes puede haber personas que no se lo tomen en serio o que tengan tendencia a distraerse y parlotear en medio del ritual.

A lo largo de los años, hemos llegado a tener hasta once integrantes y luego hemos bajado a cinco, una de las cuales vive ahora más lejos y tiene una vida muy ajetreada, por lo que solo puede asistir unas pocas veces al año. Y resulta que preferimos tener un grupo pequeño, así que nunca se sabe.

También terminamos siendo un aquelarre solo para mujeres, lo cual tampoco era parte del plan. Al principio, simplemente no encontramos ningún hombre que tuviera interés en participar. (Vivimos en una población pequeña donde parece haber menos brujos, mientras que la ciudad que está al sur y es más grande tiene muchos, y sus aquelarres parecen estar divididos por igual). Nuestros rituales del sabbat suelen incluir al marido de una de nuestras integrantes que simpatiza con las creencias paganas, y de vez en cuando a algún otro hombre, pero el grupo en sí mismo nunca llegó a tener hombres. Con los años, hemos llegado a la conclusión de que nos gusta así. No porque no nos gusten los hombres, sino porque eso nos permite tener un grado de libertad para expresarnos como mujeres que no solemos tener en otras facetas de nuestras vidas.

Como verás, algunos aspectos de la pregunta «¿A quién queremos en nuestro aquelarre?» pueden ser imposibles de responder hasta que hayáis estado practicando juntas la magia. El tiempo y la experiencia pueden enseñaros cosas que no sabíais al principio. Las circunstancias también jugarán un papel importante, ya que no siempre se puede controlar quién estará interesado en unirse y quién no.

Y, por supuesto, a algunos aquelarres no les importará. Hay grupos, especialmente los más grandes, que están abiertos a todo el mundo, en cuyo caso esto no será un problema. Sin embargo, si estáis empezando como un aquelarre cerrado o semicerrado, probablemente debáis discutir qué tipo de integrantes estáis dispuestas a aceptar.

Ten en cuenta lo siguiente:

Nivel de experiencia. Algunas brujas acabarán de empezar y sabrán muy poco sobre la práctica de estas artes. Quizá hayan obtenido todo su conocimiento de los libros y nunca hayan formado parte de un verdadero ritual, o quizá hayan estado practicando un poco por su cuenta, pero no durante mucho tiempo. No hay nada de malo en ello, y en algunos casos un aquelarre puede estar formado solamente por principiantes que aprenden juntos.

También hay brujas que han estado practicando durante muchos años y pueden estar buscando una experiencia más profunda e intensa. Un aquelarre puede querer incluir a integrantes de varios niveles de experiencia o preferir a miembros que estén en la misma etapa en la que se encuentran las brujas fundadoras cuando empiezan a practicar juntas.

Edad. Muchos aquelarres están formados por personas de diferentes edades, de los dieciocho a los ochenta años. Otros tienden a atraer a personas de una edad similar, especialmente si se forman a partir de un grupo de amigos. El grupo informal de mi hija Jenn está integrado por sus amigos, así que la mayoría son treintañeros.

Yo empecé el Círculo de la Luna Azul cuando tenía cuarenta y cuatro años, y nuestras integrantes principales oscilaban entre los veintitantos y los cincuenta. La edad no era tan importante como el hecho de que todas hubiéramos alcanzado cierta estabilidad en nuestras vidas, teniendo empleos seguros y relaciones estables (si es que teníamos una).

Algunos aquelarres admiten adolescentes y otros no. Esta puede ser una cuestión delicada, y necesitaríais obtener el permiso de un progenitor antes de aceptar a una adolescente que vaya a asistir sola. En cualquier caso, lo importante es si las integrantes se sienten cómodas con gente que pertenece a un grupo de edad diferente y si todas tenéis los mismos objetivos con la práctica de la magia.

La edad podría ser un factor a tener en cuenta. En cierta ocasión, dos jóvenes universitarias entusiastas se unieron a nuestro grupo. Eran muy inexpertas en lo que a la brujería se refiere, pero además estaban en un momento vital tan diferente al del resto que se les hacía difícil encajar en el grupo. Por otro lado, la hija de catorce años de una de nuestras integrantes, que ha estado viniendo toda su vida, parece sentirse muy a gusto cuando asiste a los rituales de sabbat, así que nunca se sabe.

¿Se admiten niños? Cuando hablamos de edad, merece la pena abordar la cuestión de la presencia de niños en los rituales. Esto es menos una cuestión de quién forma parte de tu aquelarre, ya que es improbable que alguna vez te cuestiones si un niño o una niña puede ser miembro, y más una cuestión de si tu grupo se siente cómodo teniendo niños alrededor. Mi primer aquelarre no permitía que asistieran niños, salvo algún adolescente de vez en cuando, pero a veces nos invitaba otro grupo que sí los permitía y nos encontrábamos con que los niños corrían a sus anchas y nos distraían.

Los rituales semipúblicos más grandes a los que he asistido en una ciudad cercana, solían durar todo un fin de semana, con familias que acampaban en el terreno donde se celebraban los rituales. Podía ser un poco caótico, pero la mayoría de personas eran responsables a la hora de mantener a sus hijos bajo control y alejados de cualquier actividad que pudiera resultar inapropiada (yo solía ir para la festividad de Beltane, así que te puedes imaginar cuáles eran dichas actividades).

El Círculo de la Luna Azul era un auténtico aquelarre familiar. Mi hija, que entonces tenía poco más de veinte años, asistió por un tiempo antes de mudarse a otra ciudad en busca de un clima más cálido. Una integrante tenía hijos que no asistían, pero que siempre venían a nuestra cena de Yule, en la que participaban cónyuges, hijos y amigos íntimos. Y luego estaba Robin. Se casó tras el inicio del aquelarre; yo oficié la ceremonia y todos los demás estuvieron presentes. Cuando tuvo a sus dos hijos un tiempo después, estos vinieron a los rituales; primero como fetos en el vientre materno, luego como bebés que las integrantes del círculo se turnaban para cuidar para que su madre pudiera participar en las actividades, y luego como niños que habían sido criados como paganos (junto con el legado cristiano de su padre).

Cuando fueron un poco más mayores y pudieron quedarse en casa con su padre, recuperamos las lunas llenas para los adultos, pero seguían viniendo a la mayoría de rituales del sabbat. Para incluirlos, adapté sin problema el ritual y, con ambos padres presentes, siempre había alguien que supervisara a cada niño y, si era necesario, lo sacara del círculo si empezaba a portarse mal. El hijo de Robin acabó perdiendo el interés en todo el asunto, pero su hija adolescente sigue viniendo algunas veces al año y parece sacar mucho provecho de participar en nuestro círculo.

Claro que, a medida que todas nos hemos hecho mayores, preferimos no contar con la presencia de niños, así que es una cuestión de lo que a cada uno le resulte más cómodo. Algunos aquelarres son definitivamente solo para adultos, mientras que otros son adecuados para familias. Solo hay que ser claros respecto al tipo de aquelarre que sois, especialmente si se ha unido una nueva integrante que tiene niños pequeños o si habéis invitado a alguien que podría creer que está bien traer a sus hijos, a menos que le digáis lo contrario.

¿Enseñar o no enseñar?

El primer grupo al que pertenecí era, en gran medida, un aquelarre de aprendizaje, hasta el punto de que nuestra suma sacerdotisa se refería a él como un «grupo de estudio»; solo que estudiábamos magia. Siempre le estaré agradecida por su voluntad de transmitir sus conocimientos, y los seis años que pasé allí me enseñaron casi todo lo que sé sobre la brujería, incluido lo que espero y no espero de una actividad en grupo. Mi vida hubiera sido muy diferente sin esas enseñanzas, y seguramente estos libros no existirían.

Pero no todos los aquelarres quieren seguir ese camino. Puede ser difícil avanzar con la práctica de la magia si continuamente tienes que volver al principio para instruir a quienes se inician en el arte. Al principio, el Círculo de la Luna Azul estuvo abierto a todos los niveles, pero después de que aquellas jóvenes sin experiencia se unieran a nosotras durante un tiempo, decidimos que no queríamos ser este tipo de aquelarre. Eran encantadoras, pero una vez que se fueron, lo debatimos y acordamos que queríamos centrarnos en un trabajo más profundo.

Pero ese era nuestro caso, y puede que vosotras tengáis una idea completamente diferente de las cosas. Algunas personas disfrutan tanto compartiendo sus conocimientos como aprendiendo. Otras lo consideran una obligación para con la próxima generación de brujas. En mi caso, prefiero enseñar a través de lo que escribo y respondiendo a las preguntas individuales de quienes se ponen en contacto conmigo. Pero todas las comunidades pueden beneficiarse de un aquelarre que está dispuesto a enseñar.

¿A quién adoraremos?

La brujería es una religión basada en la naturaleza que abarca una amplia gama de sistemas de creencias. La mayoría de brujas adoran tanto al Dios como a la Diosa, aunque algunas solo siguen a la Diosa. Algunas invocan a divinidades concretas, mientras que otras adoptan un enfoque más general; algunas se refieren simplemente al universo. Nada de esto importa cuando una bruja practica sola, pero cuando varias paganas se reúnen, deben ponerse de acuerdo en el modo en que el grupo se vinculará con la divinidad, para asegurarse de que todas las partes se sienten cómodas. En las actividades del Círculo de la Luna Azul solemos invocar tanto al Dios como a la Diosa durante los rituales del sabbat, a veces de un modo general («invocamos al Dios y a la Diosa») y a veces invocando a divinidades concretas que se relacionan con ese sabbat en particular, como a Brigid en Imbolc.

En las lunas llenas solo invocamos a la Diosa o a diosas concretas. Estamos más orientadas hacia las diosas y hemos disfrutado explorando los aspectos de varias de ellas para así ampliar nuestros conocimientos más allá de las que invocaríamos cuando practicamos por nuestra cuenta. Esto variará de un aquelarre a otro y, probablemente, de un ritual a otro si os turnáis en su liderazgo; solo debéis ser conscientes de los diferentes estilos de practicar la magia y de los deseos de sus integrantes, encontrando un punto medio si fuera necesario.

Cuando no funciona:
—cómo solucionar los problemas—

Habiendo formado parte de dos aquelarres diferentes y viendo lo que ha ocurrido en muchos otros, puedo asegurarte que si practicas con más de una persona (e incluso en ese caso), tarde o temprano surgirán los conflictos. Pueden ser pequeños o pueden ser lo bastante grandes como para provocar la disolución del aquelarre, pero en cualquier caso, debes estar preparada para lidiar con ellos cuando surjan.

Mi mejor consejo en este asunto es que te asegures de que haya una comunicación abierta en tu grupo y de que todas las integrantes se sientan libres de hablar si algo les molesta. Incluso el Círculo de la Luna Azul ha tenido algunas dificultades a lo largo del camino, y en todas las ocasiones se podría haber evitado con una mayor comunicación. Por suerte, la hemos mejorado con el tiempo.

Si estás dirigiendo un aquelarre, asegúrate de que estás abierta a las sugerencias y las preocupaciones, y trata de prestar atención a las señales de que alguna integrante está descontenta. Muchas veces la gente no se siente cómoda contando lo que le pasa, pero si dices: «¿Te preocupa algo?», puede que descubras que estaban ocultando un problema que podrías haber resuelto hace tiempo si lo hubieras sabido. Sí, te habla la voz de la experiencia.

Si formas parte de un aquelarre, recuerda que nadie puede solucionar un problema si no sabe de qué se trata. Si estás descontenta con algo (ya sea la forma en que se dirige el aquelarre, aspectos de la práctica ritual o el hecho de que

Sue siempre traiga ese horrible guiso de atún a todas las comidas), necesitas ser sincera sobre el tema y permitir que tus compañeras busquen una solución que funcione para todas.

Si no puedes confiar en que acepten tu sugerencia, aun siendo educada al plantearla, puede que estés en el aquelarre equivocado. Los problemas con otras personas son, probablemente, la mayor causa de disolución de los aquelarres. He conocido aquelarres que eran dirigidos por una pareja y, cuando la pareja se separó, algunas integrantes se fueron con uno de los miembros y el resto con el otro. También he visto una situación en la que una suma sacerdotisa consiguió un nuevo novio y lo incorporó al aquelarre. Al no llevarse bien con varias de las integrantes, echaron a estas para tenerlo contento.

Nadie dijo que las brujas fueran perfectas. Todas somos seres humanos. Si hay integrantes del aquelarre que no se llevan bien, podéis intentar hablar sobre los motivos. A veces alguien simplemente no encaja con un grupo o genera problemas con todo el mundo, en cuyo caso corresponde a la líder del grupo pedirle que se retire. Siempre es una situación difícil, aunque, por mi experiencia, la mayoría de veces estas personas tampoco se sienten a gusto en el aquelarre y un día dejan de venir. Pero esta es una de las razones por las que vale la pena ser cauta a la hora de sumar nuevas integrantes si no las conoces bien, y asegurarte de que haya una comunicación clara desde el principio.

Reglas generales para cualquier grupo

Por lo general, la brujería como camino espiritual no tiene tantas reglas como la mayoría de religiones. No somos muy aficionadas a las prohibiciones, e incluso las reglas más básicas, como «No hagas daño a nadie», no son aceptadas por todo el mundo. Dicho esto, hay algunas normas generales que se espera que acates si formas parte de un aquelarre, y que se sumarían a las establecidas por el grupo en particular. (Algunos aquelarres, por ejemplo, son muy estrictos sobre hablar del aquelarre a desconocidos, y otros no).

Si eres nueva en la práctica de la magia con otras personas o si incluyes a nuevos miembros en tu aquelarre, puede que sea una buena idea asegurarte de que todas entendéis las siguientes pautas básicas:

- TODAS LAS INTEGRANTES DEL GRUPO DEBEN SER TRATADAS CON RESPETO Y AMABILIDAD. Uno creería que no hace falta mencionarlo, pero a veces es necesario hacerlo. Se dice que entramos en el círculo ritual «con perfecto amor y perfecta confianza». Esto no significa que tengas que amar a todas las integrantes de tu aquelarre, pero al menos tienen que gustarte y debes estar dispuesta a aceptarlas con un corazón abierto, sin importar sus imperfecciones; por lo menos durante el tiempo en que estéis compartiendo rituales o una actividad en grupo. Las críticas y los comentarios reprobatorios no tienen cabida en un círculo.

- LO QUE SE DICE EN EL CÍRCULO QUEDA EN EL CÍRCULO. Aquí es donde entra en juego la confianza. La gente suele hablar de cosas muy privadas cuando está en un espacio sagrado. Las integrantes de tu aquelarre necesitan saber que cualquier cosa que digan dentro de los confines de la actividad en grupo, tanto dentro como fuera del círculo ritual, se mantendrá en estricta confidencialidad.

- NUNCA «REVELES» QUE ALGUIEN ES UNA BRUJA SI NO ESTÁS SEGURA DE QUE YA LO SABE TODO EL MUNDO. Como autora de muchos libros sobre brujería, es evidente que he salido del armario. Básicamente, cualquiera que no sepa que soy una bruja no ha estado prestando atención. Pero ese no es siempre el caso. A lo largo de los años, el Círculo de la Luna Azul ha incluido a una serie de personas que no podían hacer público su camino espiritual a causa de su trabajo (entre ellas, una enfermera, un bibliotecario que trabajaba con niños y un maestro). Había otras que simplemente pensaban que no era asunto de nadie y escogían no contárselo a nadie salvo a sus allegados. Puede ser fácil olvidarlo y saludar a alguien de tu aquelarre con un cordial «¡Feliz encuentro[1]!» o preguntar si irá al ritual del sabbat de este mes cuando hay otros cerca. Ten cuidado y respeta la privacidad de las integrantes de tu grupo a menos que te digan lo contrario.

◉ ACEPTA A LAS PERSONAS DE TU AQUELARRE COMO SON Y RESPETA SUS ELECCIONES Y PREFERENCIAS PERSONALES. Esto es ahora más importante que nunca, en tanto nuestra sociedad lucha por la igualdad y la aceptación a una escala mayor. Hay muchos que se acercan a la brujería porque creen que no pueden ser aceptados por la religión o la cultura en la que se criaron. Las personas LGBTQ+, en particular, han encontrado un hogar en la comunidad pagana. Las personas negras todavía tienen dificultades para hacerlo. Si alguien de tu grupo pide que se le llame «elle[2]» en lugar de «él» o «ella», haz lo posible por respetar sus deseos. Si alguien no actúa o viste de manera convencional,

---

1. En inglés, «*Merry Meet*», un saludo que proviene de la expresión «*Merry Meet, Merry Part, and Merry Meet Again*» y que se suele utilizar cuando se cierra un círculo. (N. de la T.)

2. En inglés, «*they*» es el pronombre neutro utilizado por quienes no se identifican con el género femenino o masculino. (N. de la T.)

acéptala y hónrala. Al fin y al cabo, a ti quieres que te acepten como eres, ¿no? Si no podemos hacerlo en un espacio sagrado, no podemos hacerlo en ningún sitio.

• • •

Encontrarse con otras brujas en un grupo, ya sea grande o pequeño, y que todo funcione, puede ser una experiencia muy gratificante. Existe un gran gozo en compartir el camino espiritual con personas que tienen ideas afines, y puede generarse un poder asombroso cuando un grupo de brujas trabajan juntas con un objetivo común.

Para muchas de nosotras, los aquelarres se convierten en la familia que hemos escogido, y los lazos que se crean practicando la magia con otras personas no se parecen a ningún otro.

Vale la pena hacer un esfuerzo para que una actividad en grupo funcione, ya que la recompensa que se obtiene supera significativamente la inversión de tiempo, energía y amor que se ha hecho.

Una nota sobre los materiales

En los rituales que verás a continuación, así como en cualquiera que se te ocurra, se incluyen materiales como velas, plantas aromáticas, piedras y otros ingredientes para hechizos y manualidades. Algunos podrían traerlos las participantes de sus propios jardines o casas. Otros habrá que comprarlos. Con el tiempo, esto puede resultar costoso, aunque tampoco demasiado si se opta por hacer las cosas sencillas. En algunos aquelarres, la líder o las lideresas proporcionan los materiales. Yo tiendo a hacer esto porque puedo conseguirlos al por mayor; además, suelo tener un montón de velas y piedras en mi casa de todos modos.

En mi primer grupo, la suma sacerdotisa acabó pidiendo a la gente que contribuyera en un «bote de materiales» con la cantidad de dinero que pudiera aportar sin problemas. En otros grupos, o bien la gente hace una contribución, o se turna para traer los materiales o cada persona trae lo suyo si se le dice de antemano lo que se necesita. La forma en que tu aquelarre decida manejar este asunto dependerá, en parte, de la situación económica de las participantes y también de cómo esté gestionado el grupo. Pero esta es otra área en la que las expectativas deben quedar claras desde el principio, especialmente para las nuevas integrantes, y todo el mundo debe estar de acuerdo con ello para que nadie lo sienta como una carga.

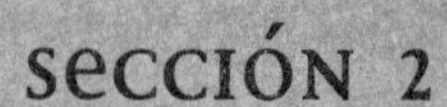

eLemeNtos básicos

De uN Ritual

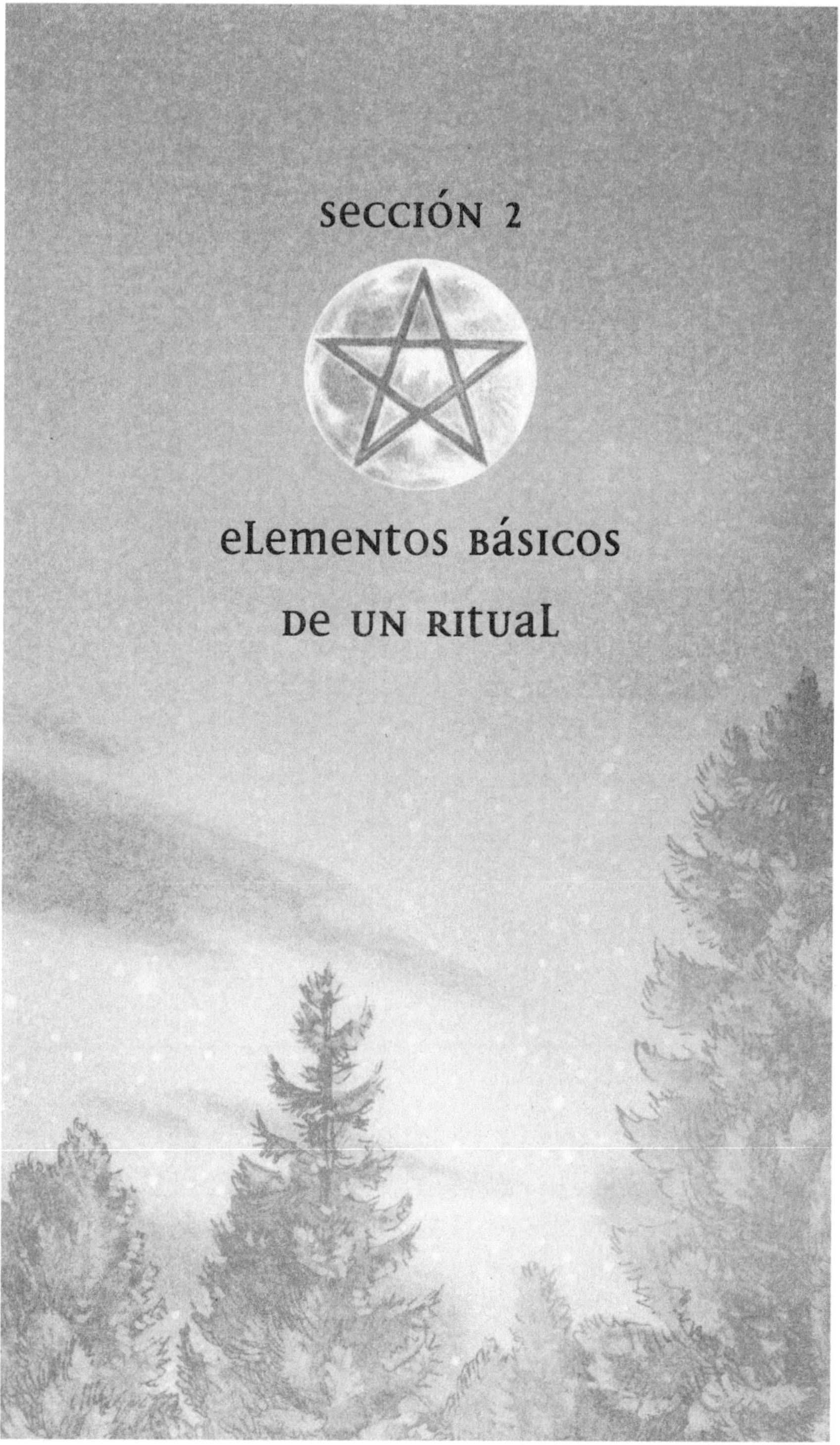

Como todo lo que sucede en la práctica de la brujería, los rituales están abiertos a las interpretaciones y preferencias individuales. Sin embargo, cuando se trabaja con un aquelarre, es una buena idea ponerse de acuerdo sobre los elementos básicos, para que todas las integrantes den los mismos pasos en el mismo baile, por así decirlo.

Los rituales pueden ser tan sencillos como encender una vela y recitar un conjuro o tan complicados que se tarde una hora en completarlos. Ambos enfoques tienen sus ventajas. Si se dispone de poco tiempo o las participantes no están dispuestas a practicar la magia que implica mayor nivel de compromiso, podéis inclinaros por una manera sencilla de hacer las cosas. Si el trabajo es serio y exige todo el poder que se pueda obtener, o si tu grupo disfruta de la pomposidad y la belleza de un ritual más profundo y elaborado, entonces haced un ritual tradicional.

O haced algo intermedio. Tal vez queráis mantener las cosas sencillas durante las lunas llenas y hacerlas más elaboradas en los sabbats. Tal vez queráis cambiar las cosas en función de los estados de ánimo y los niveles de energía de las integrantes de vuestro aquelarre. Quizá os parezca que algunas ocasiones (como Samhain, que puede ser una fiesta intensa para muchas) merecen utilizar todos los recursos posibles, y que otras (como Yule, que puede ser más festiva) pueden celebrarse de un modo más relajado.

El Círculo de la Luna Azul suele seguir el formato de un ritual solemne, desde purificar y lanzar el círculo hasta llamar a los cuartos, invocar a la Diosa y al Dios, hacer la parte principal del trabajo mágico que se haya escogido y luego compartir pasteles y cerveza antes de cerrar el círculo. Pero a veces, sobre todo últimamente, decidimos hacer las cosas de una manera más relajada: empezamos pasando las plantas purificadoras por el círculo, que siempre predisponen nuestra mente para el trabajo espiritual, y luego nos lanzamos a lo que sea que vayamos a hacer.

Por supuesto, la razón de que hagamos esto es que hemos practicado juntas durante tanto tiempo que somos un grupo muy cohesionado y tenemos un buen ritmo establecido. Si en tu grupo no estáis tan acostumbradas a trabajar juntas o hay muchas personas involucradas (o gente nueva), puede que os resulte útil seguir los pasos de un enfoque más solemne. Esto servirá para uniros en un todo y os llevará a un buen estado de concentración, lo cual servirá, a su vez, para que vuestra práctica de la magia resulte más poderosa.

Ten en cuenta que puedes seguir algunos pasos y omitir otros que no te convenzan. También puedes decidir que una persona dirija todo el ritual o que distintos individuos asuman papeles concretos. Por ejemplo, el líder del grupo (como un sumo sacerdote o una suma sacerdotisa, si los tienes, o quien haya escrito el ritual de ese día) puede lanzar el círculo, llamar a los cuartos, invocar a los dioses y dirigir la parte mágica del ritual. O puedes hacer que diferentes integrantes del aquelarre sean responsables de ciertas secciones, ya sea para un ritual en particular o cada vez que se reúnan.

Yo casi siempre dirijo nuestros rituales, aunque nos turnamos para dar la vuelta al círculo y hacer que las personas llamen al cuarto que tengan más cerca. A veces utilizamos una invocación en la que llamamos a los cuartos e invocamos a la Diosa al unísono. Al final, quienes llamaron a los cuartos son quienes los despiden. También solemos abrir y cerrar el círculo juntas. Y, periódicamente, una de las otras integrantes del aquelarre se turna para dirigir un ritual, lo que me da la oportunidad de relajarme y disfrutar participando en lugar de hacer todo el trabajo.

Si estáis empezando, es posible que queráis experimentar con varios enfoques para ver lo que funciona mejor para vosotros como grupo. No os preocupéis si las cosas no siempre salen bien, o incluso si nunca salen bien. Nosotras solemos acabar olvidando algo, equivocándonos cuando llamamos a los cuartos, o las cosas en general no salen como queríamos. Somos conocidas por nuestros problemas a la hora de encender la varita de salvia, las velas o la hoguera, hasta el punto de bromear con que somos unas brujas ineptas para encender el fuego. Nos reímos y seguimos adelante. Las brujas modernas suelen decir que practican la magia con reverencia y alegría, y sin duda al Círculo de la Luna Azul le gusta tener un poco de ambas.

El marco general del trabajo ritual

Estas son las partes básicas del ritual que llevan a cabo muchas brujas y paganas modernas. Es posible que los aquelarres wiccanos tradicionales tengan otros pasos más, y los grupos más eclécticos a veces le imprimen su propio estilo. La brujería es un camino espiritual que evoluciona, y puede que tu puesta en práctica resulte muy diferente a la de otra persona.

Como siempre, no hay una forma correcta de hacer las cosas. Escoged entre las opciones que he citado aquí o hacedlo a vuestra manera. Siempre y cuando creéis un entorno en el que todas las participantes se sientan cómodas y puedan centrarse en la energía que se necesita para la práctica de la magia, sintiendo el poder del espíritu dentro del círculo sagrado, no importa realmente cómo lo consigáis. Tan solo hacedlo con reverencia y alegría, y todo irá bien.

En la mayoría de casos, la líder (o las lideresas) del grupo, con o sin la ayuda de otras, preparará el círculo con los elementos necesarios para el trabajo mágico que se vaya a realizar (velas para llamar a los cuartos y a la divinidad, un altar, lo que se vaya a utilizar para ese ritual concreto, etc.), antes de que se den el resto de pasos, de modo que todo esté listo para empezar en cuanto se reúna el aquelarre.

★ **Preparar el espacio del círculo.** Puede ser una tarea que la líder del ritual o una integrante del grupo haga antes de que comience el ritual. Para preparar el espacio para la energía más mágica del ritual, algunas utilizan una escoba o un *besom* (utilizados solo para el trabajo mágico) para barrer cualquier tipo de energía negativa o quitar la energía mundana del espacio, especialmente si se trata de una zona como el salón, que se utiliza en la vida cotidiana. Esto también puede hacerse con plantas purificadoras, incienso, sal y agua, o incluso con una pluma grande o una campana. Lo que importa es que se haga con concentración e intención, no tanto lo que se utilice. Si un espacio solo se utiliza para el trabajo mágico, como el círculo ritual que hay detrás de mi granero, con el tiempo se volverá innecesario, aunque tampoco hará daño. Por otra parte, algunos grupos nunca dan este paso. La única vez que lo consideraría realmente necesario sería si utilizas un espacio compartido (por ejemplo, dentro de un edificio público utilizado por otros grupos de personas para diversas actividades) o uno que tenga alguna energía desagradable que persista (por ejemplo, el salón de la casa de una pareja que discute mucho). Por lo demás, esto es opcional o puede hacerse como parte del paso de purificación y consagración que se indica más adelante.

★ **Entrar en el círculo.** Este puede ser un paso muy solemne dentro del ritual (la gente forma una fila y entra en el espacio del círculo) o muy relajado (la gente simplemente da vueltas y busca un sitio donde quedarse de pie). Los rituales más grandes, especialmente los que se celebran al aire libre, tienden a utilizar la primera variante.

Así lo hicimos durante muchos años en nuestros rituales de sabbat, cuando asistían hasta quince personas, incluidas las invitadas. Mi círculo exterior está detrás de mi granero y se llega a él subiendo por un corto camino en pendiente. En los rituales nocturnos, poníamos antorchas altas alimentadas con aceite en la parte inferior y superior del sendero, para hacerlo aún más mágico. En los actos realmente solemnes, hacíamos que una de las integrantes se colocara en lo alto para saludar a la gente con una frase, que podía ser «Bienvenidas a nuestro círculo; entrad en perfecto amor y perfecta confianza», y ungir sus frentes con un aceite mágico.

La ventaja de este enfoque ceremonial es que hace tomar conciencia a la gente desde el principio de que se encuentra en un ritual y de que está entrando en un espacio sagrado. Esto puede ser importante si se trabaja con un grupo grande, sobre todo si algunas personas son desconocidas. En algunos casos, también sugiero hacer un repaso rápido de las reglas de etiqueta de un círculo o repartir una hoja con la información que encontrarás más adelante en el libro. Nunca des por sentado que todo el mundo sabe lo que hay que hacer y lo que no en un ritual.

Por otro lado, si solo cuentas con unas pocas personas o si todas las que se encuentran en tu aquelarre practican juntas de modo regular, es posible que con decir: «Bueno, vamos a empezar» sea suficiente para reunirlas a todas de un modo silencioso y rápido.

★ **Purificar y consagrar el espacio.** A diferencia de la mayoría de religiones, en las que hay un edificio permanente que se emplea como espacio espiritual, como una iglesia, un templo o una mezquita, las brujas rara vez gozan de ese lujo o lo necesitan. Podemos crear un espacio sagrado donde queramos, simplemente lanzando un círculo mágico. Algunos aquelarres tienen círculos permanentes, como el anillo de piedra de dos metros y medio que hay incrustado en el suelo detrás del granero de mi casa, pero la mayoría de veces el espacio sagrado se crea para el tiempo que dura el ritual y se disuelve cuando este se ha terminado.

En cualquier caso, al comienzo de un ritual es habitual purificar y consagrar la zona del círculo para su uso mágico y convertirla así en un espacio sagrado. Nosotras solemos purificarnos al mismo tiempo. Estas acciones convierten el círculo en un lugar seguro para hacer magia poderosa y también sirven para conectar a las participantes con el momento presente, recordándoles que están dejando atrás el plano mundano para que puedan concentrarse en el trabajo mágico que van a llevar a cabo.

Puedes decantarte por tantas opciones como decidas, pero ten en cuenta que si utilizas la misma estructura para la mayoría de rituales, con el tiempo se convertirá en una señal para las participantes y les ayudará a adoptar más rápidamente el estado mental que requiere un ritual. Para el Círculo de la Luna Azul, pasar unas plantas purificadoras entre nosotras se ha convertido en una señal de que estamos abandonando el plano mundano, y parece que todas inspiramos profundamente sin proponérnoslo y estamos mucho más presentes en el espacio sagrado.

Prueba algunas opciones y comprueba cuáles funcionan mejor en tu aquelarre. Luego incorpóralas en tu práctica de la magia siempre que puedas. Si vais a llevar a cabo varias tareas, puedes pedir a las integrantes de tu grupo que se turnen para hacerlas, en lugar de que la líder (si la hay) las haga todas. La mayoría de veces deben realizarse con reverencia y silencio para ayudar a profundizar en la sensación de que estáis entrando en un ámbito espiritual.

- Barre alrededor del exterior del círculo con una escoba reservada para trabajos mágicos.

- Camina por fuera del círculo con plantas purificadoras o incienso.

- Pasa plantas purificadoras o incienso de una persona a otra dentro del círculo. Debéis esparcir el humo de la cabeza a los pies (o al revés) para purificar el cuerpo de cualquier negatividad traída del mundo exterior.

- Pasa un plato con sal mezclada con agua y pídele a las participantes que se unjan (normalmente la frente, los labios, el corazón y el centro del vientre). A veces la suma sacerdotisa o la líder del grupo bendice primero la mezcla de agua y sal, imbuyéndola con la intención de limpiar todo lo negativo o inútil.

- Una integrante del grupo puede caminar por fuera del círculo rociando sal y agua, o primero sal y luego agua por separado.

- Haz sonar una campana, un gong o un tambor para señalar el inicio solemne del ritual.

★ **Lanza el círculo.** Todo lo que has hecho hasta ahora te conduce a este momento, cuando manifiestas tu intención de crear un espacio mágico y sagrado. En la wicca tradicional, el sumo sacerdote o la suma sacerdotisa suele caminar alrededor del exterior del círculo con un «athame» o espada mágica. Yo solía hacer esto al principio de nuestra actividad, diciendo algo así como: «Lanzo el círculo girando en círculos, de la tierra al cielo, del cielo al suelo. Conjuro ahora este espacio sagrado, fuera del tiempo y del espacio. El círculo está lanzado, estamos entre los mundos».

Hoy en día tenemos un estilo más relajado y solemos lanzar el círculo «de una mano a otra», lo que significa que tomo la mano de la persona que está a mi izquierda —el movimiento dentro de un círculo ritual es siempre en el sentido de las agujas del reloj («deosil»), a menos que estés haciendo algún tipo de desvinculación o liberación— y digo: «Lanzamos el círculo de mano en mano». Cuando estamos todas unidas, digo: «El círculo está lanzado; estamos en el espacio sagrado entre los mundos», o algo parecido.

También puedes lanzar el círculo pasando un objeto, como una flor durante un ritual de solsticio de verano o una campana que cada persona hace sonar por turnos. O simplemente hacer que todas digan por turnos: «El círculo está lanzado». Sea cual sea la forma que escojas, si lo haces con concentración e intención, sentirás que la atmósfera cambia dentro del círculo. El aire no es exactamente el mismo. Puedes sentir más poder o potencial. Incluso lo pueden conseguir dos personas si trabajan en armonía.

Ten en cuenta que, una vez que hayas lanzado el círculo, la gente ya no es libre de entrar y salir de él. Si alguien desea entrar o salir del espacio sagrado, es tradicional «recortar» una puerta haciendo que otra persona trace la forma de una puerta con el dedo o un athame. De lo contrario, se corre el riesgo de romper la burbuja que habéis creado con tanta energía.

★ **Llama a los cuartos.** Una vez lanzado el círculo, el siguiente paso suele ser invocar a los cuatro cuartos, llamando a los elementos de tierra, aire, fuego y agua para que protejan el círculo y presten su fuerza a los que están dentro de él. También es una forma de conectarnos con los elementos, que son una parte importante de la práctica de la brujería. Los cuartos, tradicionalmente conocidos como «atalayas», se establecen con tierra al norte, aire al este, fuego al sur y, por último, agua al oeste, y cada uno suele estar representado por una vela de un color concreto (verde o marrón, amarilla, roja y azul, respectivamente).

Las velas pueden colocarse en los bordes externos del círculo o en un altar en el centro, o puedes prescindir de ellas por completo si te encuentras en un lugar en el que no se puede tener nada encendido (una residencia de estudiantes, por ejemplo, o una convención, celebrada en un hotel). Si lo prefieres, puedes utilizar velas enteramente blancas.

Algunas personas sustituyen los objetos que representan los elementos, como una pluma o incienso para el aire. En el Círculo de la Luna Azul solemos encargarles a diferentes personas que llamen a los cuartos y enciendan las velas más cercanas al lugar en el que se encuentran. La mayoría empieza por el este, pero algunos empiezan por el norte. Es habitual que todas las que integran el círculo se giren y miren en la dirección que se está llamando, y algunas personas levantan un dedo o un athame para apuntar hacia ese cuarto (se trata de un enfoque tradicional de la wicca), pero no es necesario.

Para rituales más solemnes, podemos utilizar palabras que hayan sido escritas de antemano en trozos de papel (esto puede resultar más conveniente para las personas que acaban de iniciarse y no están seguras de lo que deben decir, o cuando se quiera utilizar un lenguaje más elaborado para un sabbat en particular), pero la mayoría de veces decimos las palabras que se nos ocurren en ese momento. No tiene por qué ser más complicado que lo básico: «Invoco al este, el poder del aire, para que venga a proteger nuestro círculo», aunque también puede ser mucho más detallado. Hay ejemplos más adelante en el libro.

También tenemos una bonita combinación de llamada a los cuartos e invocación a la Diosa que una de nuestras integrantes encontró hace años en Internet. Está pensada para ser recitada al unísono: todo el mundo se vuelve en la dirección invocada en ese momento y luego se vuelve nuevamente al centro para invocar a la Diosa. Nos ha parecido muy poderosa y conmovedora, especialmente cuando hay luna llena, ya que hablamos con una sola voz. Debo señalar que algunas personas también llaman a los poderes de lo que está abajo y lo que está arriba, invocando la energía del suelo y del cielo.

★ **Invoca a la Diosa y al Dios.** O solo a la Diosa, dependiendo de cómo practicas la magia o cuál sea la ocasión. Hay brujas que solo invocan a la Diosa, y si esto es lo que prefieres, está bien. El Círculo de la Luna Azul invoca tanto al Dios como a la Diosa en los sabbats, pero solo a la Diosa cuando celebramos la luna llena.

Puedes invocar a divinidades concretas, por ejemplo, aquellas que se relacionan con una festividad o época del año concreta, o aquellas que creas que pueden ayudarte mejor en el trabajo mágico que vayas a hacer. O simplemente puedes decir algo general, como «Invocamos a la Diosa y le pedimos que se una a nosotras en nuestro círculo mágico». Al igual que cuando se llama a los cuartos, cuando se lleva a cabo una invocación se suele encender una vela.

Para la Diosa, la gente suele utilizar velas plateadas o blancas, y para el Dios, doradas, color crema o amarillo. A veces se relacionan las divinidades con un color. Recuerda ser respetuosa; al fin y al cabo, estás pidiéndole a una divinidad que te honre con su presencia. Algunas personas tienen un dios o una diosa protectora e invocan a esa divinidad en particular cada vez que hacen magia, pero en un grupo es menos probable que eso ocurra, a menos que todos sigan a Diana, por ejemplo.

★ **Bienvenida y presentación.** Probablemente, sea algo que no hagas si trabajas con un aquelarre muy pequeño, pero en grupos más grandes o cuando tienes invitadas, quien está dirigiendo el ritual suele saludar a las participantes y dar algunas explicaciones sobre la ocasión («Estamos aquí para celebrar Samhain, uno de los días más sagrados del calendario pagano») y lo que se hará durante el ritual («Esta noche tocaremos tambores y bailaremos para aumentar la energía, escribiremos nuestros deseos para el nuevo año en trozos de papel que meteremos dentro de este monigote de maíz, y luego lo arrojaremos a la hoguera mientras recitamos juntas un conjuro»). Esta es una forma muy útil de conseguir que todas las participantes entren en la atmósfera del ritual y, al mismo tiempo, de informarles de lo que les espera.

Si solo sois dos o tres personas, podéis saltaros esta parte sin problema, especialmente si sois un grupo más informal, aunque el Círculo de la Luna Azul lo sigue haciendo a veces, incluso cuando solo somos cuatro. Conocí a una líder de grupo que llamaba a esta parte la «cháchara ritual», lo cual me hizo reír.

★ **Trabajo mágico.** Esta es la principal parte del ritual y sus modalidades más habituales incluyen la meditación guiada (dirigida normalmente por la responsable del ritual), sesiones de trance, tocar tambores, cantar, bailar, encender una hoguera, confeccionar alguna manualidad con intención mágica (como coser un monigote, crear un tablero de visualizaciones, confeccionar bolsitas de plantas medicinales, etc.), la adivinación y, por supuesto, los hechizos.

Algunas de las acciones que se realizan durante este momento del ritual pueden utilizarse para llevar a las participantes a un estado mental de concentración más profundo, otras se utilizan para aumentar la energía que luego se canalizará en el trabajo mágico, y algunas son simplemente divertidas. Las opciones son ilimitadas, y puedes practicar durante años y no hacer nunca el mismo ritual.

Lo que decidas hacer en el ritual dependerá de la ocasión, la forma en que tu aquelarre prefiere practicar (el Círculo de la Luna Azul está formado por un montón de mujeres habilidosas, por lo que solemos hacer algún proyecto de manualidades), el tiempo y la energía que la gente tenga para dedicar a ese ritual en particular, así como cualquier necesidad concreta de quienes pertenecen al grupo.

Por ejemplo, puedes escoger un ritual de sanación si una o más integrantes de tu aquelarre tienen problemas de salud, o trabajos de prosperidad si os viene bien un estímulo económico. Casi siempre hacemos algo para aumentar la energía y luego terminamos canalizándola en un hechizo. Pero no tienes por qué tener un objetivo concreto en mente, y a veces es agradable reunirse simplemente para celebrar.

★ **Conectar con el aquí y el ahora.** Si un ritual es particularmente intenso, puedes terminar mareada y un poco desconectada. Una forma de evitarlo es devolver a la tierra parte de la energía extra que acabas de generar, poniendo las palmas de las manos en el suelo y canalizándola conscientemente para que se aleje de ti. Como alternativa, puedes enviarla hacia abajo a través de los pies, aunque a mí me funciona mejor el primer método.

★ **Pasteles y cerveza.** Disfrutamos especialmente de esta parte del ritual, aunque no es estrictamente necesaria. Una vez realizado el trabajo mágico, se pasan pasteles (que pueden ser galletas, pan o incluso fruta de temporada) y cerveza (que suele ser vino, hidromiel o zumo, sobre todo si hay niños).

Compartir comida y bebida es una tradición y celebra los dones obsequiados por los dioses, pero también sirve para volver a conectarte con el mundo real y reconectarte con tu cuerpo físico. La líder del grupo puede bendecir los pasteles y la cerveza antes de distribuirlos alrededor del círculo, y a menudo nos decimos unas a otras: «Que nunca tengas hambre» y «Que nunca tengas sed» o «Que siempre tengas suficiente para comer y alguien con quien compartirlo» (o palabras por el estilo) mientras ofrecemos el plato o la copa.

Si haces el ritual al aire libre, quizá quieras hacer una libación o dejar un poco de comida para las hadas y otros seres mágicos, o incluso para las criaturas que viven en la tierra.

★ **Pasar el bastón de la palabra.** No todo el mundo lo hace, y nosotras no lo hacemos siempre, pero es una buena manera de terminar un ritual. El bastón de la palabra es simbólico, y puede ser un bastón de verdad o una piedra, una pluma o un báculo de grupo si tienes uno. El objeto se pasa alrededor del círculo y cada persona tiene la oportunidad de hablar desde el corazón. Puede ser algo tan sencillo como dar las gracias por el ritual y expresar lo contenta que está de estar allí, o puede ser algo intenso y personal que haya surgido durante el ritual.

Lo más importante es recordar que solo puede hablar la persona que sujeta el bastón; todas las demás deben centrar toda su atención en lo que esa persona dice. Esto puede ser difícil en grupos más grandes, especialmente cuando hay alguien que se va por las ramas (y siempre lo hay), pero para algunas personas, esta puede ser literalmente la única vez en su vida en que tengan la libertad de decir lo que piensan o sienten. Puede ser muy catártico.

Si es posible, escucha con el corazón abierto y sin juzgar. Si, efectivamente, hay alguien que no sabe cuándo debe parar de hablar, puede ser necesario que quien dirija el ritual sugiera con amabilidad que se pase el bastón a la siguiente persona, pero por suerte esto no suele ocurrir. La líder o alguien cercano a esa persona puede optar por esperar a que acabe el ritual y hablar con ella en privado para no correr el riesgo de avergonzarla.

★ **Despedir a los cuartos.** Esto es lo contrario de cuando llamaste a los cuartos al principio del ritual, así que si empezaste por el este y terminaste por el norte, para despedirlos empezarías en el norte y te desplazarías en el sentido contrario a las agujas del reloj *(widdershins)* alrededor del círculo, haciendo que las mismas personas que llamaron a los cuartos cuando empezasteis sean quienes los despidan.

Las velas se soplan o apagan una a una. (A los wiccanos tradicionales se les enseña que es irrespetuoso apagar las llamas con un soplido y que, en su lugar, deben ser extinguidas. Para ser sincera, yo nunca he entendido esto, y normalmente las apagamos soplándolas. Depende de ti). La despedida puede ser tan sencilla como decir: «Poder del aire, te damos las gracias por cuidar de nuestro círculo y prestarnos tu energía. Bendito seas». O si la llamada al cuarto original fue más elaborada, también podría serlo la despedida.

★ **Agradecimiento a la Diosa y al Dios.** Obviamente, no se despide a una divinidad; eso sería muy descortés. Simplemente agradece de corazón su presencia en tu círculo y cualquier ayuda que te pueda haber prestado. Como todo lo demás, esto puede ser tan solemne o relajado como quieras, siempre que sea respetuoso. Algunos dicen: «Quédate si quieres, vete si es necesario; en perfecto amor y perfecta confianza, que así sea».

★ **Abrir el círculo.** Se puede hacer a la inversa de como se cerró el círculo; por ejemplo, si la líder del grupo caminó alrededor del exterior del círculo con un athame, ahora hará lo mismo pero en el sentido contrario a las agujas del reloj. Si lanzáis un círculo tomadas de la mano, quizá os tomaréis de nuevo de las manos y luego las soltaréis. A veces esto se acompaña levantando las manos en el aire y soltando un grito de alegría.

En sus primeros años, el Círculo de la Luna Azul solía terminar recitando una versión más breve de una obra conocida como la *Rede Wicca* porque eso era lo que solía hacer mi primer grupo. Es una tradición entre los wiccanos, y disfrutábamos recitándola al unísono. Esta es la versión que utilizábamos:

Seguir la ley wiccana debemos,
en perfecto amor y perfecta confianza.
En estas ocho palabras se cumple la rede wiccana:
«Haz lo que desees mientras no hagas daño
a nadie».
Salvo en caso de defensa propia,
la Ley de Tres en mente deberás tener.
Sigue esto con mente y corazón,
y ¡feliz encuentro y feliz partida!

A medida que nuestra actividad en grupo crecía y se iba modificando, alejándonos un poco de mis raíces wiccanas, dejamos de utilizar el lenguaje arcaico y elaborado, y lo reemplazamos por otro más sencillo.

El círculo está abierto pero nunca roto.
¡Feliz encuentro, feliz partida y feliz reencuentro!

Esta última parte suele gritarse con alegría.

También puedes visualizar cómo caen los muros mágicos y vuelve a entrar el mundo, diciendo: «El círculo está abierto. ¡Hagamos un festín!».

Nota sobre las plantas purificadoras, el incienso, la comida del festín y otras cosas

Ten en cuenta que algunas personas son alérgicas a los aromas artificiales (que se encuentran en muchas velas perfumadas y en la mayoría de inciensos, a menos que se especifique en la etiqueta que han sido elaborados con aceites esenciales). Yo soy una de estas personas y no puedo estar en una habitación en la que se quema incienso normal porque desencadena los síntomas de mi asma. En una habitación cerrada, incluso la salvia puede molestar a las personas sensibles.

Utiliza velas sin perfume siempre que sea posible y ten en cuenta que, si trabajas con un grupo, puede que tengas que adaptarte a las necesidades de las integrantes. La mayoría de personas te hará saber si tiene problemas con las herramientas comunes de la brujería, pero nunca está de más preguntar si estás empezando con un grupo nuevo o alguien se une a un grupo existente.

Lo mismo ocurre con los pasteles y la cerveza: si alguien tiene sensibilidad al gluten, por ejemplo, es posible que quieras reemplazar los pasteles por algo que sí pueda comer. Y antes de servir alcohol (como el hidromiel o la cerveza propiamente dicha) en tu cáliz, asegúrate de que no haya asistentes en rehabilitación o menores de edad.

Cuando se trata de los festines, los aquelarres más pequeños suelen conocerse lo bastante bien como para estar al tanto de los problemas relacionados con la comida. Pero si tienes un grupo más grande o un grupo abierto que admite invitados, asegúrate de tener opciones que los vegetarianos puedan comer, y si quieres ir más allá, pídele a cada persona que escriba una tarjeta que enumere los ingredientes de aquello que ha traído para compartir. De este modo, las personas alérgicas pueden evitar cualquier alimento que les cause problemas.

Variantes de un mismo tema

Ten en cuenta que solo porque la mayoría de brujas (o algunas brujas, o incluso la bruja que escribió este libro) hagan las cosas de una manera determinada, no significa que tú tengas que seguir su ejemplo. Cada una tiene su propio camino y sus propias preferencias, y mientras las personas de tu aquelarre estén de acuerdo con una forma de hacer las cosas, puedes hacer lo que quieras. (Ya sabes, dentro de lo razonable. Intentemos no quemar cosas sin querer o aterrorizar a los vecinos con demasiada frecuencia).

La brujería es una actividad que está en constante evolución; no hay dos brujas que tengan exactamente las mismas creencias o practiquen su arte exactamente igual. De hecho, algunas personas la consideran una religión (cabe señalar que es la de crecimiento más rápido en Norteamérica). Para otros es un camino espiritual, y la palabra «religión» puede incomodarles. Para mí, es un poco ambas cosas.

Algunas personas tampoco se sienten cómodas con la palabra «aquelarre» y prefieren llamarlo «grupo» o «círculo», o no llamarlo de ninguna manera en particular. Algunas todavía usan los términos «suma sacerdotisa» o «sumo sacerdote», y otras solo se refieren a la «líder». Otras ni siquiera hacen eso, prefiriendo dejar que la gente dirija por turnos.

Como se puede ver en la *Rede Wicca*, la wicca solía expresarse con un estilo de lenguaje ornamentado y arcaico. Las participantes vestían túnicas elegantes (o a veces nada en absoluto) y pasaban por complicadas iniciaciones y múltiples niveles de formación. Esto es menos habitual hoy en día, aunque hay versiones de esta actividad que aún existen y resulta estupendo si eso te atrae.

También hay muchos tipos concretos de brujería, como la gardneriana, alexandriana, tradicional, feri, *reclaiming*, celta u otras prácticas que se centran en un panteón particular de dioses. Por no hablar de las brujas de cocina (que canalizan sus prácticas mágicas a través de la comida), brujas verdes, brujas del hogar y brujas de setos *(hedge witches)*. En resumen, sea cual sea el tipo de brujería que quieras practicar, probablemente haya una que se adapte a ti. Algunas prácticas tradicionales pueden exigir que estés iniciada en ellas y sigas ciertas normas.

Las brujas eclécticas, por otro lado, tienden a tomar algunos elementos de lo que funciona y fusionarlos para crear su propio estilo personal. Este es, probablemente, el sector de más rápido crecimiento dentro de la población de brujas, y si no te identificas con ninguno de los otros tipos de brujas, puede que decidas (personalmente o en grupo) adoptar este enfoque. A lo largo de nuestros años de práctica, el Círculo de la Luna Azul se ha alejado del aquelarre wiccano más tradicional, y ahora nos consideramos un aquelarre ecléctico, aunque todavía usemos muchas partes de la wicca. De verdad, haz lo que funcione para ti, sin importar cómo lo llames.

Si no te atrae, no es necesario que seas solemne en absoluto durante el desempeño de tu actividad. Cuando empezamos a practicar juntas, hicimos una dedicación en grupo, pero nunca hicimos dedicaciones individuales, ni iniciaciones, ni niveles. Todavía disfrutamos de algunos rituales solemnes de vez en cuando, pero tampoco tenemos ningún problema con seguir un estilo más relajado, especialmente si estamos cansadas o estresadas.

Si estás formando un nuevo aquelarre, es importante que decidáis si queréis adheriros a las prácticas tradicionales de la wicca, seguir un camino establecido o crear el vuestro propio. No dudéis en probar cosas diferentes y luego discutir qué elementos funcionaron para vosotras y cuáles no. Si no estáis todas conformes, trabajad para llegar a un acuerdo por el que todas consigáis una parte de lo que queréis al menos una parte del tiempo y nadie tenga que hacer algo que realmente le incomode.

Si te unes a un aquelarre ya existente, asegúrate de que su estilo y sus creencias coincidan con los tuyos. Si algo te hace sentir incómoda, presta atención a esa sensación y busca otro lugar.

La brujería está cambiando constantemente, y eso nos da una flexibilidad que puede ser difícil de encontrar en religiones más rígidas y establecidas. Solo recuerda lo siguiente: «Haz lo que desees mientras no hagas daño a nadie»; si lo respetas, puedes desarrollar una actividad mágica que te funcione a ti y a cualquier otra persona con la que decidas compartir este arte de forma habitual.

Si no te apetece formar un círculo, intenta que todas las participantes se concentren en visualizar una burbuja de energía protectora a su alrededor. Si no quieres llamar a los cuartos, puedes colocar en tu altar objetos representativos de los elementos. Podrías dedicar un momento a sentir y apreciar el suelo que hay bajo tus pies, el aire que respiras, el agua que nutre las plantas y el calor del sol en el cielo.

Sé que hay personas que no están seguras de si creen en una Diosa o en un Dios, y no se sienten cómodas invocándolos. Tampoco pasa nada. Crea un espacio que sea mágico y sagrado, y ve qué o quién aparece. Mientras tu mente y tu corazón estén abiertos, te aseguro que te escucharán de todos modos.

Herramientas de trabajo

Hay una serie de herramientas que se han relacionado con las brujas a lo largo de los siglos. Otras se han incorporado más recientemente a la wicca y a las actividades que la siguieron. Si has sido una bruja durante un tiempo, puede que ya sepas todo lo que hay que saber sobre la mayoría de estas herramientas, si no de todas, y quizá tengas muchas de ellas en tu propia colección. Si acabas de empezar, no tengas la necesidad de salir corriendo a comprar una o varias de ellas. A menos que se trate de cristales; seguro que necesitarás un montón de ellos. O libros. Nunca se tienen suficientes libros. Lo siento, ¿qué estaba diciendo? (Sí, toda bruja tiene sus propias obsesiones. Son gajes del oficio).

Y, como con todo lo demás, tus preferencias pueden cambiar con el tiempo. Al principio, yo utilizaba un athame en mi trabajo mágico. Probablemente tuve tres o cuatro a lo largo de los años. Hoy en día es muy probable que utilice el dedo para señalar y dirigir la energía, y los athames actúan ahora como complementos decorativos de mi altar.

Si estás en un aquelarre, puede haber algunas herramientas que pertenezcan al grupo en su conjunto y que permanezcan en casa de alguien cuando no están siendo utilizadas. Entre las herramientas del Círculo de la Luna Azul hay un montón de tambores diferentes (algunas personas tienen los suyos propios; por lo demás, usamos los que yo conseguí para el grupo), un báculo que decoramos y consagramos juntas, una copa que una de las integrantes confeccionó cuando trabajaba como alfarera, y un bastón de la palabra, entre otros objetos. Cuando creáis juntas una herramienta, adquiere un significado especial y se convierte en algo aún más poderoso y valioso gracias a la energía que habéis puesto en ella.

He aquí una lista de las herramientas básicas que tu aquelarre podría utilizar, ya sea por separado o en conjunto. Algunas de ellas son cosas que tendrás que comprar, mientras que otras puedes confeccionarlas si te apetece. Algunos de los rituales favoritos del Círculo de la Luna Azul han consistido en trabajar juntas para crear herramientas y objetos mágicos, como bolsas de amuletos, ya sean individuales que cada persona se lleva a casa para utilizar o dedicadas al grupo. Si eres una bruja habilidosa, encontrarás algunos proyectos divertidos más adelante en el libro.

Ten en cuenta que cualquier herramienta puede ser bendecida y consagrada para un trabajo mágico positivo, ya sea cuando esté terminada o más adelante.

★ **Altar.** Puede que no pienses en un altar como una herramienta, pero algunos grupos encuentran una mesa que pueden decorar con símbolos y diseños que son significativos para su aquelarre. En el caso de un círculo permanente al aire libre, utiliza una roca o una tabla de madera grande. Para un grupo que se reúne siempre en el mismo lugar, un altar puede ser un mueble fijo que se deja en su lugar con las herramientas habituales (como las velas), dispuestas para el siguiente ritual. O puede ser una mesa o un estante que se use con otro fin la mayor parte del tiempo y que se transforma en un altar con un bonito mantel y cualesquiera que sean los materiales rituales que utilicéis durante vuestro encuentro.

★ **Athame.** Cuchillo de bruja, normalmente de doble filo. Puede estar hecho de cualquier material, desde metal hasta madera o piedra, y se utiliza para dirigir la energía o para señalar, no para cortar nada. Puede ser muy básico y sencillo, u ornamentado y elaborado. Si vas a tener un athame grupal, quizá prefieras utilizar la madera, en la que puedes grabar o quemar símbolos, nombres u otros elementos, o encontrar uno más estándar de metal y fijarle unos motivos decorativos. Tradicionalmente, el athame representaba la energía masculina, aunque hoy se le pone menos énfasis a este tipo de cuestiones.

★ **Besom.** Un tipo de escoba hecha de materiales más tradicionales, como ramitas o paja áspera para la parte inferior, y un palo natural, normalmente torcido, que hace las veces de mango. Se utiliza menos para limpiar y más para mover la energía, pero pueden tener un aspecto muy bonito.

★ **Libro de las Sombras.** El conocimiento es la mejor herramienta de todas, y el Libro de las Sombras de una bruja suele tener notas sobre plantas medicinales, cristales, hechizos, recetas y mucho más. El Libro de las Sombras de cada bruja es diferente, y no todo el mundo posee uno, pero lo recomiendo encarecidamente si te apetece. Es útil tener toda la información sobre la brujería reunida en un lugar fácil de consultar, por si necesitas saber qué hechizo utilizaste la última vez para la prosperidad, ya que parecía funcionar muy bien, o qué plantas has utilizado para el saquito de protección. El Círculo de la Luna Azul tiene un Libro de las Sombras grupal, que contiene copias de todos los hechizos y rituales que hemos hecho juntas, así como fotos de nuestras aventuras. Los aquelarres wiccanos tradicionales solían tener un Libro de las Sombras oficial del que se compartía información con las integrantes. Algunas brujas utilizan una carpeta sencilla, que pueden decorar con dibujos, símbolos o incluso flores secas. Otras compran libros en blanco ya editados con imágenes mágicas o crean los suyos desde cero.

★ **Libros.** Hay muchos libros fabulosos sobre brujería, tanto antiguos como nuevos, y que abarcan todos los temas mágicos que puedas imaginar. Mi propia colección personal ocupa cuatro estantes e incluye libros sobre piedras, plantas medicinales, dioses y diosas, festividades, diversos tipos de trabajo mágico y mucho más. Y eso sin contar los libros que escribí yo misma, a los que recurro a menudo cuando busco un hechizo o una información en particular. Si bien es cierto que hoy en día se puede buscar casi cualquier información en Internet, prefiero el peso de un libro físico y el conocimiento que proviene de personas que sé que son fiables. Además, los tengo a mano en la estantería siempre que los necesito. (De todos modos, es posible que tenga una pequeña adicción a los libros. ¿Qué se puede esperar de una autora?). Es posible que tu aquelarre quiera tener una colección de libros rotativa y compartir el conocimiento entre vosotras.

★ **Escoba.** Lamentablemente, nunca he conseguido que la mía vuele, pero una escoba mágica sigue siendo una herramienta muy útil. Puede utilizarse para eliminar energía negativa o purificar un círculo, como se ha dicho antes, o añadir un elemento mágico a la limpieza de tu casa, barriendo conscientemente lo que ya no quieres junto con el polvo. Recuerda que una escoba que se utiliza como herramienta mágica no debe utilizarse para la limpieza diaria, y, si es posible, debe estar hecha de materiales naturales (mango de madera y cerdas de paja auténtica y no de plástico). Las escobas mágicas pueden colgarse encima de las entradas de las casas para protegerlas, y algunas personas aún siguen la antigua tradición de «saltar la escoba» para celebrar un matrimonio o un ritual de unión de manos.

  **Dato curioso:** la escoba es el único instrumento mágico que representa tanto al hombre como a la mujer: el mango representa la energía masculina y las cerdas, la femenina. 

★ **Caldero.** Cuenco o recipiente de metal profundo, a menudo hecho de hierro fundido. Suelen tener tres patas, y algunos tienen un asa que sirve para suspenderlos sobre el fuego. Antiguamente, la gente los utilizaba para cocinar y era más probable que contuvieran un estofado que una poción. La imagen de una bruja revolviendo su caldero ha perdurado a lo largo de los siglos, por lo que aún hoy tienen una fuerte conexión con la brujería. Los hay de distintos tamaños, desde el más pequeño al más grande. Yo tengo un caldero pequeño (de unos ocho centímetros de diámetro) que es perfecto para colocar un atadillo purificador de plantas medicinales encendido, y uno más grande (cerca de 30 cm de ancho e increíblemente pesado) que llenábamos de arena y utilizábamos para sujetar múltiples velas cuando queríamos que cada participante pudiera encender varias de ellas. El caldero representa a la Diosa, el útero y lo femenino.

★ **Cáliz.** Vaso o copa utilizada durante los rituales, a menudo para contener la cerveza cuando esta se comparte junto con pasteles, pero también utilizada para agua o algún tipo de ofrenda líquida, como el hidromiel. Aunque se puede emplear cualquier receptáculo para esto, la mayoría de brujas tiene una copa reservada para uso mágico y no para beber a diario. El cáliz puede estar hecho de cualquier material, desde cerámica hasta vidrio o metal, y va desde lo más sencillo hasta lo más ornamentado. El que utiliza el Círculo de la Luna Azul fue confeccionado por una de nuestras integrantes a partir de arcilla. Lo decoramos juntas, cada una añadiendo sus propios símbolos, y luego ella lo cubrió con un esmalte transparente y lo coció en un horno. Está colocado sobre un altar en mi casa y es un símbolo de nuestra unión. Cuando practicamos en el aquelarre, el cáliz suele pasarse alrededor del círculo, por lo que es bueno tener algo que sea resistente y bonito a la vez. Como el caldero, el cáliz representa lo femenino.

★ **Cristales y piedras.** Como adicta confesa a las piedras, tengo que admitir que tengo un montón de cristales. Un montón. Los utilizo para el trabajo mágico y la sanación energética, y además son bonitos y brillantes y me hacen feliz, así que los tengo por toda la casa. Pero eso no significa que tengas que salir a comprar todas las piedras. Algunas brujas tienen una o dos que usan para casi todo su trabajo mágico, normalmente un cristal de cuarzo transparente (que representa a la Diosa y la Luna, y es una piedra muy poderosa desde todo punto de vista) o algo como la amatista, que también tiene muchas aplicaciones. Hay muchas piedras semipreciosas que no son demasiado caras, y se pueden utilizar pequeñas piedras pulidas en lugar de grandes cristales de lujo si lo deseas. Las piedras se relacionan con diferentes atributos (el cuarzo rosa con el amor, la amistad y la calma, por ejemplo), por lo que a muchas brujas les gusta tener, al menos, una pequeña colección para utilizar con diversos objetivos mágicos. Se utilizan para la concentración y para aumentar el poder para el trabajo en cuestión.

★ **Tambores, sonajeros, flautas, campanas y otros instrumentos musicales.** La música y los sonidos rítmicos pueden ser poderosas herramientas mágicas. Hay una razón por la que pueblos ancestrales de todo el mundo utilizan algún tipo de instrumento musical en sus rituales y prácticas espirituales. La música puede crear ambiente, inducir al trance o elevar el ánimo hasta alcanzar el éxtasis. Aplaudir, zapatear y bailar también son fundamentales en muchas prácticas espirituales. La voz es también un instrumento musical, y los coros y cánticos también suelen utilizarse en la magia. No hay que preocuparse por que suene perfectamente afinado; se trata de la emoción y la intención, no de un concurso de talentos. En el Círculo de la Luna Azul utilizamos, sobre todo, tambores, pero también tenemos sonajeros para aquellas que no se sienten cómodas con los tambores (no todo el mundo tiene un sentido del ritmo innato). También coreamos cánticos. En nuestros rituales estas acciones están dirigidas, principalmente, a elevar la energía, que luego se canaliza en cualquier hechizo que estemos haciendo.

★ **Indumentaria especial.** Se trata sobre todo de vestir de un modo elegante. Por ejemplo, algunas personas tienen atuendos renacentistas que llevan cuando asisten a un festival de este tipo. En la brujería, las prendas están destinadas al uso ritual o para asistir a una convención o encuentro de brujas ocasional.

Estas ropas pueden ser tan sencillas como una capa o túnica suelta que se coloque encima de cualquier otra prenda que se lleve puesta, o un atuendo completo que esté cubierto de símbolos mágicos o esté fabricado con una tela especial, como la seda. Si asistes a un encuentro de brujas, es probable que veas una amplia variedad de atuendos, desde joyas mágicas hasta disfraces, algunos de ellos muy estrafalarios. En mi opinión, es uno de los aspectos más divertidos de las grandes convenciones paganas.

Cuando empezó el Círculo de la Luna Azul, siempre nos vestíamos de manera elegante para los rituales. Habitualmente, llevábamos vestidos largos o faldas y tops vaporosos, y teníamos capas para cuando hacía frío a finales de año. Es divertido llevar una ropa bonita que raramente tienes la ocasión de ponerte, y lucir un atuendo ritual puede ayudarte a alcanzar el estado de ánimo adecuado para el trabajo mágico. (Aunque si llevas mangas largas que cuelgan, deberás tener mucho cuidado con las velas y otras llamas).

En los últimos años, a medida que nos hemos vuelto personas más ocupadas y estresadas (y ya no nos entran nuestros antiguos trajes), es más probable que asistamos con nuestra ropa de diario y nos alegremos de estar juntas sin importar lo que llevemos puesto.

Realmente la vestimenta puede variar de un grupo a otro, pero si estás empezando un nuevo aquelarre o uniéndote a uno ya existente, deberíais discutir si existe o no la expectativa de que la gente se vista para la ocasión cuando asiste a los rituales. No hay una respuesta correcta para esto, solo lo que funcione para las personas involucradas.

★ **Plantas.** Puede que no pienses en las plantas como una herramienta, pero como sucede con los cristales, muchas plantas tienen relaciones con la magia y se utilizan en los hechizos, además de incluirse en bolsas de amuletos, pociones e incluso en la brujería de cocina. Lo maravilloso de las plantas es que pueden emplearse con múltiples objetivos, como la práctica de la magia, la cocina y la sanación. Son la única herramienta que puede estar a la vista en tu cocina sin que nadie piense que eres una bruja, a menos que tengas un tarro con la etiqueta «Ojo de tritón» (que, de hecho, era el nombre popular de una planta); entonces sí que podrían descubrirlo…

★ **Incienso.** El incienso viene en varias formas. Hay varillas altas, conos cortos y resinas en polvo que se queman en un disco de carbón. Pueden fabricarse a base de plantas o de fragancias artificiales, aunque yo tengo una fuerte preferencia por las naturales, tanto porque se acercan más a la magia natural que practicamos como porque las personas (entre las que me incluyo) tienen menos probabilidades de sufrir una reacción alérgica a las que no contienen productos químicos. Las resinas pueden ser muy fuertes y producir mucho humo, así que es mejor utilizarlas en el exterior. Sin embargo, puedes fabricar tu propio incienso con las plantas que quieras, así que esa es una de las razones por las que a las personas les gustan. El incienso puede utilizarse para purificar el espacio ritual (dependiendo de sus ingredientes), crear una atmósfera espiritual o representar el elemento aire. Al igual que sucede con las plantas, muchas personas eligen un aroma concreto que armonice con la intención de la magia que se está practicando, mientras que otras tienen un incienso favorito y lo utilizan todo el tiempo.

★ **Plantas purificadoras.** Se trata de un manojo de plantas reunidas en un palo o varita, aunque también pueden usarse por separado. A veces este manojo se confecciona con salvia blanca (una planta del desierto relacionada con la salvia común de cocina), pero también puede incluir lavanda, cedro, artemisa, romero, enebro u otras plantas aromáticas. El humo ardiente se utiliza para limpiar y purificar un espacio o una persona, y se emplea tanto para la magia como para la sanación. Otra opción es arrojar las plantas purificadoras a una hoguera o quemarlas en un caldero u otro recipiente resistente al fuego. En su lugar puede emplearse el incienso.

★ **Bastón de la palabra.** El bastón de la palabra puede ser una vara real o cualquier otro objeto que pueda pasarse fácilmente de mano en mano. Nosotras utilizamos un palo torcido poco convencional que encontré en mi jardín. Mide unos 60 centímetros y lo hemos decorado con cintas y símbolos místicos. Pero, para ser sincera, si no nos acordamos de llevarlo al ritual, podemos pasarnos cualquier cosa de mano en mano, desde una roca hasta una vela. Lo importante es que quien tenga el bastón en la mano sea la única persona que habla. Si la gente tiene mucho que decir, el bastón puede dar la vuelta al círculo varias veces.

★ **Báculo.** El báculo suele tener un uso ceremonial, y no lo utilizan todas las brujas. Básicamente, es un trozo de madera largo y robusto (más o menos de la altura de una persona) que puede utilizarse para marcar el círculo ritual en el suelo o simplemente para guiar la energía. El Círculo de la Luna Azul estuvo todo un ritual creando un báculo de grupo que mantuviera la atención de todas las participantes. Lo decoramos con cuentas ensartadas en alambre con las que lo envolvimos, así como con plumas, símbolos quemados en madera y mucho más. De vez en cuando lo utilizamos para rituales más grandes y solemnes, como una manera de darles la bienvenida a las personas a la zona del círculo, sujetándolo frente a la entrada y luego levantándolo, pero sobre todo, nos divertimos confeccionándolo.

★ **Varita.** Al igual que un athame, una varita se utiliza, sobre todo, para dirigir la energía y señalar. Las varitas pueden ser de madera (hay ciertas maderas que se consideran especialmente poderosas para el trabajo mágico, como el manzano, el aliso y el roble, pero puedes utilizar la que quieras), de metal o incluso de cristales largos y finos. Algunas son sencillas (nada más que un trozo de madera que te encuentras en el bosque y que te transmite algo especial), mientras que otras están decoradas. Es realmente una cuestión de preferencias.

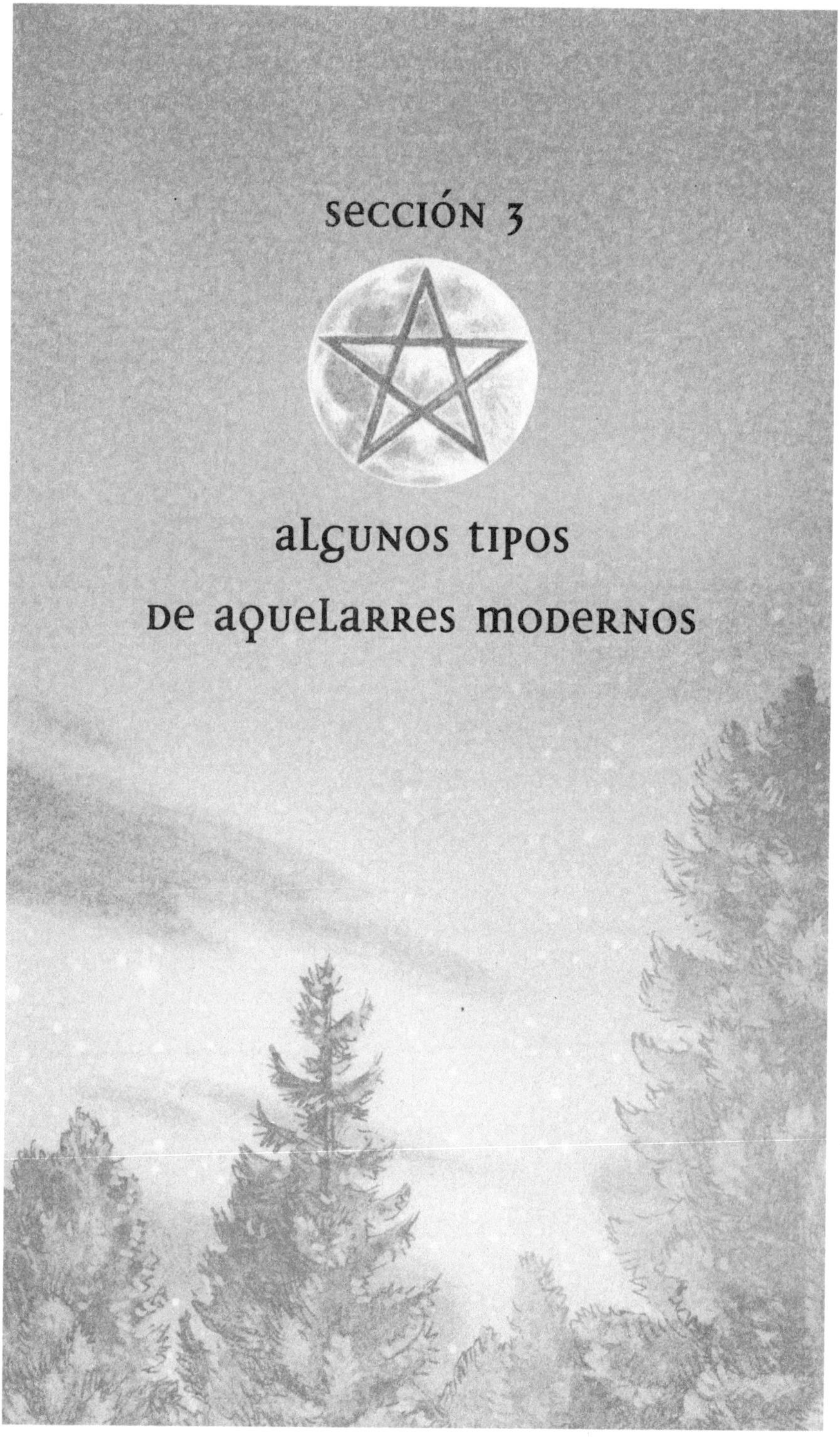

Sección 3

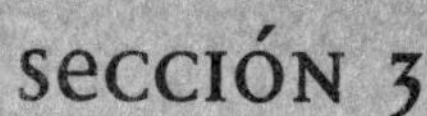

Algunos tipos de aquelarres modernos

Tradicionalmente, los aquelarres han consistido en un gran número de personas, pero hoy en día existen tantos tipos de aquelarres como de brujas, si bien pueden agruparse en varias categorías. Algunos son informales (suelen ser más abiertos) y otros están más comprometidos (suelen ser cerrados o solo admitir a asistentes que hayan sido invitados por una integrante), aunque puede haber muchas variantes de cada uno. Incluso hay aquelarres formados por solo dos personas.

Aquelarres para dos personas

No es lo tradicional, pero si quieres puedes formar un aquelarre, lo llames o no por ese nombre, con solo dos personas. Mi buena amiga Lisa y su pareja mágica desde hace muchos años son un ejemplo perfecto de un grupo de dos personas que practican juntas la magia desde hace años. Comenzaron su actividad juntas en 1998, y durante varios años ambas formaron parte de un gran colectivo pagano y de un pequeño aquelarre wiccano.

Cuando esos grupos se disolvieron, decidieron continuar practicando juntas por su cuenta. Algunos años se reúnen para los sabbats, otros para las lunas llenas o nuevas; cada año lo deciden en torno a Samhain. Si disponen de tiempo, hacen un hueco para alguna actividad más, como una luna nueva en un año en que seguían los sabbats.

Al principio lanzaban el círculo, preparaban los altares y hacían todo lo demás. Pero con el tiempo, a medida que ambas actividades se volvían más eclécticas y ellas se metían más en el budismo, evolucionaron hacia una organización más libre. También comenzaron a traer sillas o taburetes al círculo porque nuestros cuerpos envejecen junto con nuestra práctica de la magia. (El Círculo de la Luna Azul ha hecho lo mismo).

Actividades que realizan regularmente como parte de su práctica y celebraciones: Todas ellas son adecuadas para dos personas, pero muchas otras también servirían para grupos más grandes:

- ◗ PASEOS POR EL LABERINTO. Tienen la suerte de contar en su localidad con varios laberintos públicos que son preciosos. En este caso, los laberintos fueron creados por las iglesias unitaria universalista y episcopal de la población donde viven, al norte de California.

- ◗ LECTURAS DE LA LUNA NUEVA. Lisa me contó que intentaron continuar esta actividad durante los primeros días de la pandemia, aunque a medida que la vida tal y como la conocíamos se desmoronaba, descubrieron que adoptar una mentalidad de «ya veremos» era la mejor forma de encararlo.

- ◗ MEDITACIONES DEL CORAZÓN ESPALDA CON ESPALDA. Según Lisa, es una forma maravillosa de conectarse con una misma y con la Madre Tierra, y me permitió compartir su versión de este pequeño ritual más adelante en el libro.

- ☽ DÍAS DE TRABAJO BRUJERILES. Confeccionar o renovar las bolsitas de protección del hogar (siempre en otoño, normalmente entre Mabon y Samhain), preparar mezclas de aceites o espráis mágicos, envolver manojos de plantas aromáticas purificadoras, decorar velas, etc. Fuera de los rituales, abastecer sus armarios de brujería es una de sus actividades habituales. Lisa dice que es una gran manera de socializar, hacer magia y ser productivas a la vez.

- ☽ HECHIZOS SEGÚN SE NECESITEN. Las velas y los papeles voladores de deseos solían ser sus primeras opciones, pero como el peligro de incendios sigue aumentando y es una amenaza que acecha a California durante todo el año, han pasado a los amuletos y otras opciones menos arriesgadas.

- ☽ MAGIA DE PLAYA. Siempre ha sido una de sus favoritas, y probablemente la que más envidio, al no tener acceso a la playa donde vivo, en el norte del estado de Nueva York. Lisa dice que el océano Pacífico es una fuente de energía para ambas, y sus rituales nocturnos en playas vacías suelen acabar a altas horas de la madrugada, debido a que el ejercicio de conexión con las emociones que realizan tiende a ser muy profundo, en una playa oscura y brumosa.

◐ TERAPIA DE VIAJE INTERIOR. Meditaciones guiadas (que conducen por turnos), adivinación, ejercicio de trance o, a veces, una lectura larga e intensiva con cartas de tarot o del oráculo.

• • •

Le pregunté a Lisa cuáles eran las ventajas de practicar la magia entre dos personas y cuáles eran los inconvenientes, si los había. Esto es lo que respondió:

«La ventaja de haber practicado juntas durante más de dos décadas (y de forma bastante exclusiva durante los últimos quince años) es que nos conocemos muy bien y a menudo parece que estamos en la misma curva de la espiral energética. Podemos decirnos cualquier cosa con sinceridad y cariño, no hay ningún tipo de conflicto y podemos generar energía juntas con poco o ningún esfuerzo. Los grandes gestos rituales, aunque divertidos, ya no son necesarios. Basta con el tañido de una campana y ya entramos en una atmósfera mágica. Solo tenemos dos agendas que manejar, y antes de la pandemia solíamos programar los encuentros con varios meses de antelación. Ahora las cosas son diferentes, pero estoy segura de que volveremos a ello.

»Si hay un inconveniente, es la necesidad de ponernos al día si no nos hemos visto en mucho tiempo, ya que además de compañeras de magia somos mejores amigas. Si no tenemos cuidado, podemos quedarnos hablando durante el tiempo que habíamos reservado para el ritual. Para evitarlo, hacemos un esfuerzo por vernos antes y tomar el té mientras charlamos largo y tendido, o bien lo hacemos en una larga llamada telefónica. Nos reunimos en silencio y lo mantenemos hasta haber recorrido el laberinto o haber entrado de lleno en el espacio o círculo ritual. Nos saludamos con la mano (antes de las vacunas del COVID-19) o nos abrazamos (después de las vacunas) y nos sumergimos en la magia, dejando la charla para después, con pasteles y vino, por supuesto. ¡Hay tradiciones que no pueden perderse!»

* * *

Como ves, hay mucho que decir a favor de practicar la brujería solo con una persona, sobre todo si es alguien a quien conoces bien y con quien tienes una fuerte conexión. Pero incluso si quieres empezar algo nuevo y solo puedes encontrar una persona que lo haga contigo, vale la pena intentarlo. Recuerda que mi propio aquelarre comenzó con solo tres personas e incluso, hoy en día, hay veces en que solo nos podemos reunir dos de nosotras.

La intimidad de dos personas que se reúnen en un espacio mágico tiene algo especial. Hay menos distracciones y es posible concentrarse realmente en el ritual y en la otra persona. Es más fácil coordinar horarios y ponerse de acuerdo en el tipo de trabajo mágico en el que queréis enfocaros.

Es cierto que cuando hay un grupo más grande se genera una energía especial, siempre y cuando dicho grupo esté trabajando realmente unido y haya sintonía entre sus integrantes. Pero te sorprenderá descubrir cuánta energía mágica pueden crear solo dos personas.

El inconveniente, tal como mencionó Lisa, es que puede ser muy fácil terminar charlando o dejándose llevar por otras distracciones. Tampoco hay ninguna garantía de que las dos brujas tengan el mismo estilo a la hora de practicar la magia. Pero, cuando funciona, se puede desarrollar un vínculo muy profundo, así como la capacidad de adoptar rápidamente el ritmo mágico necesario para llevar a cabo los rituales.

Los grupos de dos personas funcionan bien para las amigas, como este ejemplo en particular. También es una opción para una pareja, sobre todo si no tienen amigos brujos con los que compartir su actividad o prefieren mantener su práctica de la magia en la intimidad. También he conocido a padres que introdujeron a sus hijos en la brujería enseñándoles a su ritmo, o amigas que tuvieron por maestros a un abuelo u otro pariente. Asimismo puede ser útil para personas que se encuentran en una situación en la que es difícil o peligroso practicar abiertamente. Es mucho más probable que puedas mantener tu práctica de la brujería en secreto si lo compartes solo con otra persona.

Los grupos de dos personas pueden hacer cualquier ritual de un grupo más grande; tan solo tendrán que adaptar algunos elementos. Más adelante te mostraré algunos trabajos mágicos que están pensados para hacerse entre dos personas. Notarás que son rituales bastante sencillos, en los que no se lanza un círculo de forma solemne, ni se llama a los cuartos, ni se invoca al Dios o la Diosa. Si quieres añadir esos elementos, aquí tienes una muestra de cómo lanzar un círculo para dos personas que puedes incorporar a cualquier ritual.

Hacer un ritual solemne para dos personas

Materiales: Plantas purificadoras o incienso con recipientes resistentes al fuego. Sal y agua en un cuenco. Cuatro velas para llamar a los cuartos (pueden ser de los colores tradicionales de los cuartos: amarillo, rojo, azul y verde, o todas blancas o de cera de abeja natural). Una vela para representar a la Diosa y otra para el Dios si se desea (las tradicionales son plateadas y doradas o blancas y amarillas, pero cualquier color sirve).

Opcional: Pasteles y cerveza para el final del ritual.

• • •

Cuando solo sois dos, la sección de elementos esenciales de un ritual que ya vimos en el libro puede parecer un poco complicada. Aquí hay una versión abreviada que podéis utilizar si queréis hacer un ritual solemne.

• • •

★ Purificad el círculo o a vosotras mismas con las plantas purificadoras o el incienso de vuestra preferencia. Sed conscientes del mundo exterior y de todas las cosas que podéis haber traído al círculo con vosotras y soltadlas. Si queréis, también podéis ungiros con una mezcla de sal y agua.

★ Tomaos de la mano o colocaos una frente a la otra, formando un círculo con los brazos de modo que estén a punto de tocarse, sintiendo la energía yendo de una a otra. Decid juntas: «El círculo está lanzado. Estamos en el espacio sagrado entre los mundos».

★ Por turnos, llamad a los cuartos, empezando por el este, de modo que cada una de vosotras llame a dos. Si usáis velas, puede ser más fácil ponerlas en una mesa de altar entre vosotras que desparramarlas en un círculo por fuera, pero cualquiera de las dos formas funciona.

★ Invocad a la Diosa (y al Dios, si fuera necesario).

★ Podéis saltaros la introducción del ritual a menos que una de vosotras haya escrito algo especial para compartir.

★ Una vez que hayáis terminado con el ritual, despedid a los cuartos como los invocasteis, dad las gracias al Dios o la Diosa, y abrid el círculo tomándoos de las manos y luego soltándolas o levantando los brazos y luego dejándolos caer de nuevo a los costados.

Tres o más personas:
—modalidad informal—

Mi hija Jenn creció en una pequeña ciudad, cerca de donde vivo actualmente, y heredó de mí su amor por la brujería. Cuando era adolescente, intenté evitar imponerle mis creencias, pero de adulta fue ella quien las eligió por sí misma. Cuando era veinteañera, formó parte del Círculo de la Luna Azul hasta que se mudó; terminó en San José, California, donde vive ahora. (Irónicamente, se enamoró de San José después de que asistiéramos juntas a nuestro primer gran encuentro pagano en dicha ciudad).

Ahora está practicando con un grupo informal de amigos. De ningún modo es un aquelarre comprometido, ya que se reúnen de vez en cuando y bajo diferentes parámetros. Este tipo de «aquelarre» es cada vez más habitual, ya que las brujas se sienten atraídas por las actividades en grupo, pero no tienen tiempo o ganas de comprometerse más. Jenn es la persona que tiende a asumir el liderazgo, pero este papel puede pasar a otra persona sin problema.

Empezó a escribir y organizar rituales tras conocer a su mejor amiga y compañera de magia en uno de los talleres que impartí en ese mismo encuentro. Durante un tiempo formaron parte de un aquelarre informal con otras amigas. Jenn era la que escribía los rituales, a menos que todas asistieran a rituales públicos. En una ocasión entre todas organizaron y dirigieron un ritual de Ostara para los South Bay Circles (una asociación de aquelarres del Área de la Bahía de San Francisco).

Muchos de sus rituales empezaban sacando una carta del Quinto Tarot, una baraja que sugiere un ritual para cada carta, y ella la modificaba para adaptarla a sus objetivos. Uno de sus rituales más memorables fue una meditación Shambhala en la que guio a todos sus compañeros de aquelarre para que encontraran un don divino dentro de sí mismos.

Cuando vivía en una casa con jacuzzi en el patio trasero, Jenn guiaba a las personas en sus rituales de purificación dentro del jacuzzi. Cuando vivía en una casa que tenía un gran patio trasero y un brasero, bailaban alrededor del fuego. Los rituales que escribía siempre apelaban a los elementos e invocaban a la Diosa, pero no incluían necesariamente velas u otros complementos. Como vive en San José, las playas están a una distancia que le permite hacer allí sus rituales. Como ella dice: «Me encantan las lunas llenas en la playa de Santa Cruz. ¡El océano es mágico!».

El arte, las lecturas de cartas del oráculo y el baile son sus rituales favoritos. Dado que ella y sus amigos son unos paganos de ciudad que no tienen un jardín donde poder plantar nada y Jenn es una artista que tiene todos los materiales, lo más fácil para ellos es plantar las semillas de un modo figurado y recoger sus deseos durante la cosecha. También colecciona cartas del oráculo, así que muchos de sus rituales giran en torno a la lectura del oráculo, en la que las participantes establecen sus objetivos y piden orientación a la Diosa. Suele hacer estos rituales cuando hay luna nueva o luna llena.

Le pregunté a Jenn sobre los aspectos positivos y negativos del aquelarre informal. Ella y su mejor amiga han practicado a lo largo de los años con muchos otros amigos, pero solo ellas dos han seguido juntas en la práctica de la magia. Dado que practican con diferentes personas, Jenn escribe los rituales basándose en quién participará ese día, cuáles son sus intereses comunes y dónde tendrá lugar el ritual.

Jenn me dijo lo siguiente:

«Bailar es nuestra actividad favorita. Mi mejor amiga y yo bailamos todo el tiempo, así que es imprescindible en nuestra práctica ritual. Bailar es una forma estupenda de generar y liberar energía, conectar con uno mismo y conectar con otras participantes, y encaja en cualquier sabbat. Nuestra práctica de la magia está muy influenciada por la psicología positiva, el yoga, la meditación, la danza, el arte y el trabajo con la sombra, así como las actividades basadas en la evidencia, tales como la gratitud, el propósito de vida y la búsqueda de nuestras fortalezas.

»El inconveniente de esta forma de practicar la magia es que no tenemos muchas posibilidades de hacer un trabajo más profundo, ya que solemos tener problemas de horario o nos adaptamos a personas de mente abierta pero que no son brujas. Echo de menos contar con la energía de un grupo más grande y comprometido. Espero conseguirlo algún día».

• • •

Como se puede apreciar, la idea que vertebra un aquelarre informal es la flexibilidad. Las necesidades, los objetivos y el nivel de experiencia pueden variar mucho de un ritual a otro, y un buen líder preparará rituales que se adapten a tales diferencias. Si vas a llevar a cabo este tipo de práctica, te resultará más fácil si te adaptas a la situación y a las personas que participen, sin dejar de hacer el tipo de magia que te satisface personalmente.

El estilo relajado de este tipo de encuentros implica que no tienes que hacer lanzamientos solemnes de círculos, llamadas a los cuartos e invocaciones, aunque puedes hacerlo si lo deseas. En general, es más sencillo que lancéis un círculo tomadas de la mano o que, simplemente, paséis plantas purificadoras o incienso. También puedes obviar el lanzamiento del círculo, a menos que estés haciendo un trabajo intenso que exija una barrera protectora.

La flexibilidad que tiene esta modalidad en grupo puede ser tanto una ventaja como un inconveniente. Lo positivo es que puedes practicar con otras personas, aunque no pertenezcas (o no quieras pertenecer) a un aquelarre concreto. Puede obtenerse mucha alegría y satisfacción tan solo compartiendo la magia con personas con intereses afines. El inconveniente, por supuesto, es desconocer quién participará, si todas ellas tienen los mismos objetivos y si vas a poder convocar a gente para una ocasión en particular. Pero para aquellos a los que les gusta combinar la práctica de la magia individual con algún ritual en grupo de vez en cuando, este puede ser el punto medio perfecto.

Tres o más personas:
—el grupo comprometido—

Obviamente, este es el tipo de aquelarre más tradicional, aunque no haya dos iguales. El grupo comprometido, ya sea de tres o más miembros, suele estar dirigido por una o dos personas, a las que a veces se llama «suma sacerdotisa» o «sumo sacerdote». En la mayoría de ocasiones asiste el mismo grupo de personas.

Los aquelarres tradicionales pueden ser wiccanos, más eclécticos o algo intermedio. Hoy en día, lo más frecuente es que el líder sea la persona que fundó el grupo o la persona (o personas) que esté dispuesta a asumir la responsabilidad de organizar las actividades y escribir los rituales, suponiendo que las integrantes no se turnen. Puede tratarse de una mezcla de personas con creencias algo diferentes, como sucede en el Círculo de la Luna Azul, siempre y cuando todas estén de acuerdo en cómo van a practicar juntas la magia.

Como ya he mencionado, empecé mi camino como bruja en un grupo dirigido por una suma sacerdotisa wiccana, que a su vez había obtenido su experiencia inicial y entrenamiento en un aquelarre wiccano muy tradicional que estaba dirigido por una suma sacerdotisa y un sumo sacerdote. Después de unos cinco años en su grupo, pasé un año y un día más bajo su guía, entrenándome para convertirme en suma sacerdotisa por derecho propio.

En este caso concreto, eso significó dirigir varios rituales en nuestro propio grupo, así como algunos de los rituales públicos que organizamos en la iglesia unitaria universalista de nuestra localidad (incluyendo una celebración de Yule con unas cincuenta personas, que fue muy divertida pero un poco intimidante en aquel momento), profundizar en el estudio con libros que ella me recomendaba y cosas por el estilo. Cuando se cumplieron el año y el día, pero antes de que me consagraran como suma sacerdotisa, abandoné el grupo por conflictos con otras personas, los cuales son una de las mayores razones para la disolución de los aquelarres.

Y entonces esperé.

Cuando llegó el momento adecuado, dos amigas me ayudaron en la ceremonia para comprometerme con los dioses como suma sacerdotisa. Fue impactante y conmovedor, pero no lo hicimos de la forma wiccana tradicional. Y, finalmente, unos nueve meses después de abandonar mi primer grupo, fundé el Círculo de la Luna Azul con dos mujeres a las que apenas conocía; ambas habían sido unas brujas solitarias durante muchos años y ninguna se consideraba wiccana. Hacíamos lunas llenas por nuestra cuenta y sabbats con una gran variedad de brujas locales, a la mayoría de las cuales conocía de mi grupo anterior. Milagrosamente, hoy seguimos juntas.

Todo esto es mi manera de decir que no necesitas preocuparte por cómo funciona tu aquelarre, siempre y cuando funcione para ti y para la gente con la que practicas la magia.

Lo que he aprendido, en mis largos años de actividad, es que siempre y cuando tengáis una comunicación abierta y todo el mundo esté obteniendo lo que quiere del grupo, es muy probable que un aquelarre sea un encuentro feliz y satisfactorio para todas. Las personas vendrán y se irán (sus vidas cambian, algunas se mudan, están demasiado ocupadas o deciden que la brujería no es el camino adecuado para ellas), pero no pasa nada. Hablad entre vosotras tanto sobre objetivos mágicos (como trabajar la concentración) como sobre necesidades mundanas (como los problemas de horario) e intentad llegar a acuerdos.

Y no te olvides de divertirte. La brujería es un camino espiritual que está destinado a practicarse con reverencia y alegría. Si puedes hacerlo y entrar en el círculo con amor y confianza, descubrirás que participar en un aquelarre es una experiencia realmente satisfactoria.

Ventajas de pertenecer a un aquelarre comprometido
En este caso, sabes qué esperar: con quién practicas la magia, cómo se hacen los rituales, lo que tienes que hacer y lo que no. En teoría puedes planificarte en torno a los horarios

del grupo, aunque esto puede variar de un grupo a otro; el nuestro solía ser muy predecible y ahora, en cambio, nos organizamos a última hora debido a lo ocupadas que todas estamos.

Si tienes suerte, acabarás con un grupo de personas que practican juntas durante años y que son como una familia, aunque esto no ocurre en todos los aquelarres. Es posible crecer y evolucionar en tu trabajo mágico junto a otras personas y estrechar lazos que no son posibles con grupos más informales.

Inconvenientes de pertenecer a un aquelarre comprometido

Si practicáis juntas durante mucho tiempo, puede que tengáis que hacer un mayor esfuerzo para que vuestro trabajo mágico no se estanque. Como en cualquier familia, siempre existe el riesgo de que haya conflictos con otras personas.

En mi experiencia, las tres causas principales de que se disuelva un aquelarre son las siguientes: que los líderes sean una pareja que rompe su relación; que una líder tenga una nueva pareja y ponga a esa persona por encima de las necesidades de las integrantes; o que se produzca una lucha de poder porque una integrante quiere liderar o tener más influencia en el grupo.

Si el aquelarre es pequeño y no admite nuevas integrantes, corre el riesgo de estancarse o disolverse si una o dos personas lo abandonan. Para evitar esto, es importante establecer unas reglas básicas con las que todas las integrantes estén de acuerdo desde el principio y mantener siempre abierta la comunicación para hacer los ajustes necesarios sobre la marcha.

Nota sobre los aquelarres grandes

La mayoría de veces, los grupos están formados por un número de personas que oscila de unas pocas a una docena. Pero también hay grupos más grandes, donde siempre practican juntas el mismo número de personas, o varios grupos más pequeños que se reúnen de vez en cuando para practicar la magia.

En Binghamton, una ciudad que está a una hora de mi casa, hay varios aquelarres pequeños que dependen de una organización flexible más grande y que se reúnen en el jardín de una persona miembro (cuando hace buen tiempo) o en la iglesia unitaria local (en los meses más fríos) para celebrar los sabbats. Los rituales pueden ser organizados por diferentes aquelarres. El Círculo de la Luna Azul y yo hemos asistido a muchos de sus rituales de Beltane, y hemos disfrutado pasando el día en un encuentro pagano mucho más grande que nuestro grupo, aunque prefiramos normalmente algo más tranquilo.

Este grupo en particular permite la asistencia de cualquier persona externa si ha sido invitada por alguien que pertenece al aquelarre. Otros grupos grandes también pueden estar abiertos a que asista cualquiera. En zonas más pobladas, los rituales abiertos pueden incluso anunciarse o promocionarse y celebrarse en espacios públicos. Normalmente son las organizaciones paganas y no los aquelarres las que los organizan, pero como sucede en general en la brujería, hay muchas variantes en cómo se hacen las cosas.

Un aquelarre grande no es exactamente lo mismo que un grupo informal grande que se reúne de vez en cuando de un modo más relajado, pero cualquier ritual que funcione para uno probablemente lo hará para el otro.

De hecho, la mayoría de rituales de este libro funcionan para aquelarres de cualquier tamaño con solo adaptarlos un poco. Hay algunos que están pensados para un aquelarre de dos personas y otros para un grupo mucho más grande, pero incluso estos pueden adaptarse a tus circunstancias si te llaman la atención.

SECCIÓN 4

cómo empezar

Para la mayoría de personas es mucho más fácil unirse a un aquelarre ya existente que crear uno propio, pero a veces esa no es una opción. Tal vez no haya un aquelarre por donde vives o los únicos que hay son grupos cerrados que no aceptan nuevas integrantes. Tal vez vives en una zona rural del país donde es difícil conectar con otras brujas, por lo que incluso si hay un aquelarre, es posible que no puedas encontrarlo.

O tal vez hayas asistido a los rituales de uno o más aquelarres locales y, simplemente, no congeniaste con las integrantes o con su estilo de practicar la magia. Puede que, como me sucedió a mí, formaras parte durante un tiempo de un aquelarre dirigido por otra persona y luego dejara de funcionar para ti.

En ese caso, quizá quieras plantearte crear el tuyo propio. Como habrás observado en la sección anterior, todo lo que necesitas es otra persona que tenga ideas afines. El Círculo de la Luna Azul comenzó con solo tres personas. Quizá conozcas a un montón de personas que quieran reunirse de una manera más relajada, como le sucedió a Jenn, y empiezas con ellos a ver qué sucede. Sea cual sea el camino que elijas, siempre hay pros y contras, y solo tú puedes decidir cuál es el correcto para ti.

Decidir iniciar tu propio aquelarre (o no)

Hay algunas cosas que deben tenerse en cuenta cuando se decide empezar un aquelarre, sin importar de qué tipo sea. Incluso los grupos más informales requieren tiempo, energía y algún tipo de compromiso para seguir existiendo. Si ya te sientes agobiada por la cantidad de actividades que tienes en tu vida diaria, tendrás que decidir si tienes espacio para una actividad más, incluso si se hace una sola vez al mes.

Dirigir un aquelarre también exige un mínimo de habilidades organizativas y sociales, y, en muchos casos, materiales básicos para practicar la magia. Necesitarás un lugar para reuniros, ya sea tu casa o cualquier otro sitio, y, al menos, una persona más con quien practicar.

Puede que reflexiones sobre estas cuestiones durante un tiempo y decidas que ahora no es el momento. O puede que tengas un grupo de amigas que se pongan de acuerdo y digan: «¡Nos encantaría hacerlo! ¡Adelante!».

Una cosa con la que puedes empezar, si decides iniciar un nuevo aquelarre, es una consagración grupal. El Círculo de la Luna Azul lo llevó a cabo cuando nos reunimos por primera vez, y siempre he creído que fue una manera maravillosa de mostrar que queríamos practicar magia juntas. Obviamente, si vas a participar en un grupo más informal, este paso no es necesario.

Consagración en grupo

A diferencia de la consagración personal, en la que muestras tu compromiso con la magia y los dioses, esta sirve para formalizar el compromiso de todas las personas que pertenecen al aquelarre. Estáis estableciendo un vínculo entre vosotras y la magia, así que no es algo que deba hacerse a la ligera. Pero si estáis seguras de que vuestro aquelarre tiene el objetivo de que avancéis juntas, esta es una magnífica manera crear una conexión que continuará fortaleciéndose con los años.

Tened en cuenta que consagrarse a un aquelarre no significa, necesariamente, vincularse a este grupo de por vida. La gente puede cambiar de opinión y en la vida pueden suceder cosas que no están bajo nuestro control. No todos los aquelarres tienen la necesidad o el deseo de llevar a cabo una consagración grupal, pero en las circunstancias adecuadas puede ser una experiencia de unión increíble.

La versión original de este ritual se puede encontrar en mi primer libro, *Circle, Coven & Grove: A Year of Magickal Practice* (Llewellyn, 2007) («Círculo, aquelarre y huerto: un año de práctica de la magia»). Sin duda está influido por mis raíces wiccanas, así que tómate la libertad de adaptarlo a tu propio aquelarre si encuentras que es demasiado tradicional.

Materiales: Una vela pequeña para cada integrante del grupo (pueden utilizarse todas del mismo color o cada una puede tener un color diferente). Una vela grupal grande y blanca. Palillos de dientes o palillos afilados para escribir. Un trozo largo de lana roja. Tijeras o cuchillo. Velas para llamar a los cuatro cuartos más una para la Diosa. Plantas purificadoras o incienso. Sal y agua en un cuenco. Pasteles y cerveza. Copias del conjuro de consagración para cada persona.

Opcional: Un cáliz especial para el trabajo en grupo. Aceite ritual para ungir. Una caja para guardar tu lana una vez finalizado el ritual. Un bastón de la palabra.

• • •

Este ritual puede ser dirigido por una suma sacerdotisa o un sumo sacerdote, la líder del grupo, o diferentes integrantes pueden turnarse para hablar. Como el Círculo de la Luna Azul se valía de una suma sacerdotisa en ese momento, está escrito con esto en mente, pero no dudes en cambiarlo de la forma que mejor se adapte a tu grupo. Lo ideal es hacer este ritual una noche de luna llena, aunque no es absolutamente necesario. También puedes hacer que el ritual tenga un estilo más relajado si lo deseas.

Para organizar el ritual: Coloca todos los materiales en una mesa de altar o en el centro del espacio que utilices. Las velas para llamar a los cuartos pueden colocarse en sus lugares correspondientes sobre la mesa o en los bordes del círculo. Reparte copias del conjuro y velas individuales.

• • •

★ Consagra y purifica el espacio pasando plantas purificadoras o incienso. La líder puede decir: «Bendecimos y consagramos este espacio sagrado, purificándolo y despejándolo para el trabajo mágico».

★ Consagra y limpia el círculo pasando una mezcla de sal y agua. Puedes esparcir la sal y el agua sobre el círculo mismo, sobre vosotras mismas o sobre ambos.

★ Lanza el círculo. Este es un ritual poderoso, así que asegúrate de estar concentrada al llevarlo a cabo. Es un buen momento para hacer un lanzamiento solemne, en el que la líder camina alrededor de la parte exterior del círculo con su athame, una escoba mágica o una varita de salvia. También podéis lanzar el círculo tomándoos de las manos.

★ Llama a los cuartos y enciende las velas para cada uno.

★ La líder enciende la vela de la Diosa y la invoca: «Gran Diosa, nosotras, tus hijas, venimos ante ti en esta noche, la de tu luna llena, símbolo de tu poder y belleza. Acompáñanos esta noche y préstanos tu fuerza, tu sabiduría y tu poder. Vela por nosotras durante este rito en tanto nos dedicamos las unas a las otras y a ti. Bienvenida y bendita seas».

★ Líder o integrante del aquelarre: «Nos hemos reunido esta noche con el objetivo de consagrarnos a nosotras mismas y a este grupo, _______ (nombre del grupo). Este rito señala nuestra intención de trabajar juntas, en tanto seguimos el camino de los antiguos dioses y practicamos nuestro arte lo mejor posible. Declaramos nuestra intención de trabajar juntas en perfecto amor y perfecta confianza, para la mejora de todas. ¿Estáis todas de acuerdo?».

★ Todas las integrantes deben responder: «Lo estamos».

★ Las integrantes pueden sentarse para la siguiente parte del ritual. Todas reciben una vela de color, en la que deben inscribir (con su athame, un palillo o una varilla) sus nombres. Pueden utilizar sus nombres mágicos, si tienen uno, o sus nombres de pila. La gran vela blanca del grupo se pasa de mano en mano alrededor del círculo, y cada integrante puede inscribir en ella lo que considere oportuno para el momento: nombres, símbolos, runas, etc. La vela puede ser ungida con un aceite ritual (si lo tenéis) y colocada de nuevo en el centro del círculo.

★ Una vez hecho esto, todas deben volver a ponerse de pie. La líder puede encargarse de la siguiente tarea, tomando ella las medidas de todas las integrantes (como explicaré a continuación), o las integrantes pueden medirse las unas a las otras.

★ Utiliza la lana roja para «tomar la medida» de cada integrante del grupo. Sin cortar la lana, mide una longitud igual a la estatura de esa persona (si alguien mide 1,50 m, medirás 1,50 m de lana, así que al empezar asegúrate de que tienes suficiente cantidad de lana). Haz un nudo en ese punto y, a continuación, tómale la medida a la siguiente integrante. Cuando hayas terminado, tendrás un trozo de lana largo con tantos nudos como integrantes tenga el grupo. Entonces, puedes cortar el extremo. Este trozo de lana representa a tu grupo. Puedes ungirlo con aceite si lo deseas, y tal vez quieras guardarlo en una caja especial. Pásalo alrededor del círculo y deja que cada una lo sujete por un momento y lo imbuya de energía. En rituales posteriores, puedes utilizar este trozo de lana para delimitar el espacio de tu círculo. Si añades a una nueva integrante al grupo más adelante, puedes medir un nuevo trozo para esa persona y atarlo al extremo del hilo grupal.

★ Cuando hayas terminado, extiende el trozo de lana alrededor de la parte interior del círculo, de modo que cada persona tome un nudo en las manos. No importa si es su propio nudo. Probablemente, quede lana en el suelo entre vosotras, pero no pasa nada.

★ Sujetando la lana con la mano izquierda, las integrantes toman sus velas de colores y las encienden con la vela de la Diosa. Juntas, las integrantes del grupo encenderán la vela blanca del grupo con sus velas individuales y luego apagarán las velas individuales y dejarán encendida la vela grupal. (Puede que esto no salga como está escrito, pero no pasa nada. No os olvidéis de reíros de vosotras mismas y de divertiros, aunque las cosas salgan mal.)

★ Estando todas aún de pie, la líder dirigirá al grupo en la consagración (si es necesario, puedes sujetar la lana con la mano izquierda mientras agarras un libro o papel con las palabras en la derecha):

Somos brujas.
Caminamos por la senda de los dioses antiguos.
A partir de este momento
no caminaremos solas.
Juntas, rendiremos culto.
Juntas, practicaremos nuestro arte.
Juntas, aprenderemos y creceremos.
Juramos trabajar, a partir de hoy,
en perfecto amor y perfecta confianza,
según el libre albedrío de todas
y por el bien de todas,
creando solo belleza,
cantando en armonía
nuestra canción sobre la Tierra.
El amor es la ley y el amor es el vínculo.
En nombre de la Diosa y del Dios,
así lo juramos, ¡y que así sea!

★ Guardad un momento de silencio. Si queréis, podéis ir abrazándoos o dándoos un beso por turnos alrededor del círculo. Sentaos.

★ Pasa pasteles y cerveza. Estos deben ser especiales y, si quieres, puedes servir lo que vayáis a beber en un cáliz especial que se reservará para el grupo a partir de ese momento.

★ Pasa el bastón de la palabra (opcional). Cada persona debe tomarse unos minutos para hablar de lo que le dicte el corazón en ese momento.

★ Despide a los cuartos.

★ La líder da las gracias a la Diosa: «Gran Diosa, madre de todas nosotras, agradecemos tu presencia en nuestro círculo en este ritual de consagración. Que sigas velando por nosotras cuando estemos juntas y cuando estemos separadas. Adiós y bendita seas».

★ Abre el círculo uniendo las manos o levantándolas al cielo y diciendo: «El círculo está abierto pero nunca roto».

Crear un espacio de círculo permanente

El Círculo de la Luna Azul tiene un espacio permanente y otro semipermanente para el círculo, ambos en mi casa. Detrás de mi granero hay un círculo de piedras hecho con rocas planas de mi propiedad que solemos utilizar cuando el clima es lo bastante agradable como para estar fuera. Cuando tenemos que estar adentro, utilizamos mi sala de estar, donde hay una mesa de altar que se mantiene contra la pared cuando no está en uso. Le encargué a un carpintero que me hiciera una mesa redonda, con lados que se pliegan, lo cual es muy práctico.

Sinceramente, no recuerdo si bendijimos y consagramos el círculo exterior de forma solemne antes de utilizarlo; fue en 2004 ¡y ha pasado mucho tiempo! A estas alturas, ya hemos hecho tanto trabajo mágico en mi casa que todo el lugar se siente como un espacio sagrado. Pero, si se puede, es bueno tener un espacio dedicado al círculo, purificado y consagrado a la magia.

Dependiendo de si practicáis o no en el mismo lugar cada vez que os reunís (la casa de la líder del aquelarre, por ejemplo), utilizáis un espacio público (como una sala alquilada en una tienda local o en una organización espiritual) u os turnáis reuniéndoos en las casas de diferentes integrantes, crear un espacio permanente para el círculo puede o no ser una buena idea. Pero siempre hay formas de solucionar este tipo de inconveniente.

Por ejemplo, si no puedes consagrar un espacio concreto, deberías encontrar una mesa de altar que se pueda utilizar en cualquier lugar y considerarla un espacio sagrado móvil. O podrías crear un espacio circular de tela; cualquier cosa, desde una alfombra que pueda sacarse de un armario de casa de alguien hasta una sencilla sábana o un trozo de tela que tu aquelarre decore en grupo; o un tapiz de temática brujesca comprado en una tienda y que pueda colocarse en el suelo de una habitación que utilices para la práctica de la magia.

Cuando tu grupo haga este sencillo ritual, tanto si estáis usando una mesa de altar como una tela sobre el suelo (o ambos) en lugar de un espacio permanente, simplemente colócalos como lo harás cuando los utilices en el futuro y centra tu intención en infundirles la magia de tu círculo.

Materiales: Altar o tela para el suelo. Cuatro velas pequeñas (pueden emplearse velas votivas) en recipientes resistentes al fuego; pueden ser de los colores de los cuartos (amarillo, rojo, azul y verde) o blancas. Dos velas más grandes para la Diosa y el Dios en sus propios recipientes. Plantas purificadoras o incienso. Sal y agua en cuencos separados. Una gema para cada persona del grupo (pueden ser desde pequeñas piedras pulidas hasta cristales de cuarzo, y no tienen por qué ser lujosas o caras. La líder del grupo puede proporcionarlas o cada persona puede traer las suyas). Cerillas.

Opcional: Una mesa pequeña para utilizar como altar si no estáis consagrando una. Complementos de decoración como pintura para tela, rotuladores, etc., si vais a decorar una tela para el suelo como parte del ritual (si queréis, podéis hacerlo por diversión aunque luego utilicéis un espacio permanente). Pasteles y cerveza.

Para organizar el ritual: Colócalo todo en un círculo, con la mesa o el altar en el centro y la tela opcional en el suelo. Las velas para llamar a los cuartos deben ubicarse en las cuatro direcciones (este, sur, oeste y norte), ya sea en los bordes del espacio o sobre la mesa. Las velas del Dios y la Diosa deben colocarse en la mesa con el resto de los materiales, excepto las piedras, que cada integrante debe llevar consigo hasta que llegue el momento de utilizarlas.

· · ·

★ Si vais a decorar una tela para el suelo, haced esto antes. Divertíos y no os preocupéis demasiado por que quede perfecto. Pero recordad enfocaros en el hecho de que estáis creando un objeto mágico que utilizaréis juntas durante mucho tiempo.

★ Levantaos y formad un círculo alrededor del centro de la mesa o la tela del suelo. Si sois al menos cuatro, alguien debe situarse en cada cuarto; si no, una persona puede cubrir dos lugares.

★ Para lanzar el círculo, la líder debe empezar diciendo o cantando las palabras «espacio sagrado» y seguir repitiéndolas mientras la persona que tiene a su izquierda empieza a repetirlas a su vez, seguida por la persona de su izquierda, hasta dar toda la vuelta y llegar a la líder de nuevo. Una vez que estéis todas repitiéndolas juntas, levantad vuestros brazos y volved a bajarlos. Volved a guardar silencio. La líder dice entonces: «Estamos en el espacio sagrado entre los mundos. Aquí estamos seguras. Aquí nuestras palabras tienen poder».

★ Enciende las plantas purificadoras o el incienso y pásalos alrededor del círculo. Cada persona debe esparcir el humo por su cuerpo, de la cabeza a los pies, así como la zona entre ella y la siguiente persona. Cuando las plantas purificadoras o el incienso vuelvan a la persona que lo inició (puede ser la líder u otra persona), esta puede decir: «Este círculo está limpio y purificado. Es un espacio sagrado hoy y en el futuro, y todas las que estamos dentro somos sagradas».

★ Llama a los cuartos, empezando por el este. Enciende la vela adecuada y di: «Invocamos los poderes del este, el elemento del aire, para que proteja nuestro círculo y lo santifique para el trabajo mágico de hoy y del futuro». Repite con el sur (fuego), el oeste (agua) y el norte (tierra).

★ Invoca a la Diosa y al Dios (puede hacerlo la líder o dos integrantes diferentes). Enciende la vela de la Diosa y di: «Invitamos a la Diosa a unirse a nosotros en nuestro espacio sagrado, para guiarnos y bendecirnos hoy y en el futuro». Repite la invocación para el Dios.

★ Vuelve a encender las plantas purificadoras o el incienso. Pídele a una integrante que camine con ellos alrededor del exterior del círculo y los coloque sobre la mesa o el altar. Debe decir: «Con el poder del aire y del fuego, bendecimos y consagramos este espacio para un trabajo mágico positivo».

★ Pídele a una integrante que camine alrededor de los bordes exteriores del círculo, rocíe el agua y diga: «Con el poder del agua, bendecimos y consagramos este espacio para un trabajo mágico positivo».

★ Pídele a una integrante que camine alrededor de los bordes exteriores del círculo, espolvoree la sal (no hace falta utilizar mucha cantidad) y diga: «Con el poder de la tierra, bendecimos y consagramos este espacio para un trabajo mágico positivo».

★ Cada persona debe sujetar su gema en una mano delante del corazón y decid todas juntas: «Con el poder de nuestro espíritu, bendecimos y consagramos este espacio para un trabajo mágico positivo hoy y en el futuro». A continuación, todas deben adelantarse, colocar sus piedras sobre la mesa y luego retroceder.

★ La líder dice: «A partir de hoy, este es un espacio sagrado. Dentro de él trabajaremos nuestra magia por el bien de todas y según el libre albedrío de todas».

★ Todas dicen: «Que así sea».

★ Si se desea, se sirven pasteles y cerveza.

★ Las personas que trajeron piedras pueden recuperarlas o intercambiarlas para que cada una se vaya con una piedra diferente de la que trajo. También se pueden colocar en una bolsa y guardar con los materiales mágicos del grupo para ser utilizadas en rituales futuros.

★ Agradece a la Diosa y al Dios su presencia en el círculo, y libera los cuartos.

★ La líder dice: «El círculo está abierto pero nunca roto. Feliz encuentro, feliz partida y feliz reencuentro».

SECCIÓN 5

CELEBRAR LOS SABBATS

Los sabbats, las ocho festividades de la Rueda del Año, suelen ser un componente importante de una actividad en grupo. No todos los grupos se reúnen para celebrarlos todos, y hay algunos que se centran en los esbats (lunas llenas) y otras fases de la luna, pero para la mayoría de nosotras, los sabbats son tanto un motivo para reunirnos como una forma de celebrar las estaciones del año.

El trabajo mágico que se realiza en los sabbats suele girar en torno a los diversos aspectos de la estación (como el renacer en el equinoccio de primavera) y aprovecha la energía de esa festividad.

NOTA: Si vives en el hemisferio sur, las festividades se invierten porque las estaciones están invertidas: el solsticio de verano cae en diciembre, por ejemplo, pero los sabbats siguen siendo los mismos, solo que se practican en fechas diferentes.

Existen dos solsticios (verano e invierno), dos equinoccios (primavera y otoño) y cuatro festividades de cuartos cruzados entre medio. La mayoría de estas celebraciones, especialmente las de los solsticios y equinoccios, existen en muchas culturas y se remontan a los albores de la civilización. Celebrar estos días especiales es otra forma de rendir homenaje a la historia del paganismo y al largo camino que recorrieron muchos antes que nosotros.

Para el Círculo de la Luna Azul, los sabbats son una parte esencial de la actividad que realizamos juntas, aunque de vez en cuando tengamos que saltarnos alguno por problemas de agenda. También hay ocasiones en las que solo podemos reunirnos unas cuantas en lugar de todo el grupo, pero si somos al menos tres seguimos adelante de todos modos. Los rituales pueden variar desde los más serios y comprometidos hasta los sencillos y breves. Casi siempre celebramos un festín al terminar, al que cada persona contribuye con un plato.

Siempre que es posible, nos gusta estar al aire libre. En el norte del estado de Nueva York, eso suele ser desde Beltane hasta Samhain, ya que suele haber nieve desde noviembre hasta marzo y hace frío, aunque si llueve o hay muchos insectos, no tenemos problema con refugiarnos dentro de casa. Si podemos, encendemos un fuego en el brasero, ya que tradicionalmente muchas festividades paganas son también festivales del fuego.

Durante casi toda nuestra actividad, hemos celebrado los sabbats como rituales solemnes en todas sus fases, del lanzamiento del círculo a la llamada a los cuartos, la invocación a la Diosa y al Dios, etc. En los últimos dos años hemos adoptado un estilo más relajado, simplemente reuniéndonos fuera, en torno a la hoguera, y pasando las plantas purificadoras para señalar el comienzo del ritual.

Como sucede con cualquier otro tipo de ritual, no hay una forma correcta de celebrar los sabbats. Si tu aquelarre tiene un estilo más relajado o habéis estado practicando juntas durante mucho tiempo, no pasa nada si omitís los elementos rituales más tradicionales. La única excepción a esta regla, al menos para mí, es si estáis haciendo magia muy poderosa (en cuyo caso es una buena idea tener todo el refuerzo que podáis conseguir) o si es Samhain, cuando el velo entre los mundos es muy fino y puede que queráis más protección.

La esencia de los sabbats es conectarse con el ciclo de la naturaleza (un buen recordatorio en este mundo moderno, en el que solemos estar muy alejadas de los ritmos naturales) y celebrar cada etapa del año por sus aspectos positivos. La posibilidad de hacerlo con brujas que tienen ideas afines es una de las grandes alegrías de pertenecer a un aquelarre.

NOTA: Si eres nueva en la práctica de la brujería, te sorprenderá descubrir que muchas fiestas paganas se han convertido en fiestas cristianas o mundanas. Esto siempre me ha parecido muy irónico y hasta divertido, pero también puede resultar conveniente si quieres compartirlas con amigos que no son paganos.

IMBOLC

Imbolc es una festividad de los cuartos cruzados que cae en el 2 de febrero. Hoy en día es más conocida como el Día de la Marmota, lo que tiene sentido si se tiene en cuenta que la marmota «predice» la llegada de la primavera. Se trata, en realidad, de una antigua celebración celta del despertar de la vida bajo tierra, a pesar de que el invierno sigue entre nosotros en muchas partes del país. Imbolc es un festival del fuego y suele dedicarse a Brigid, triple diosa de la herrería, las artes y la sanación.

Los rituales de Imbolc suelen girar en torno a la creatividad, la adivinación, la sanación, la purificación (de uno mismo o del hogar como preparación del año entrante) o la planificación de cualquiera que sea el camino (espiritual o práctico) que se espera recorrer durante las próximas estaciones. Este ritual combina las ideas de sanación y purificación en un rito sencillo que puede ser realizado por un aquelarre de cualquier tamaño.

Fuegos sanadores de Imbolc

Materiales: Gran cuenco de agua (lo ideal es que provenga de nieve derretida, lluvia o una fuente de agua, pero la del grifo sirve perfectamente si es todo lo que tienes). Una toalla pequeña (las toallitas de papel sirven en caso de apuro) para cada persona. Una pequeña vela votiva o una candelita para cada participante y uno o varios platos resistentes al calor, lo bastante grandes para colocarlas todas encima. Plantas purificadoras en un caldero de metal pequeño o cuenco de cerámica resistente al fuego. Mesa a modo de altar en medio del círculo. Cuatro velas para llamar a los cuartos (amarilla, roja, azul y verde o todas blancas o naturales). Velas para la Diosa y el Dios (plateadas o doradas, o blancas o amarillas, o ambas blancas). Cerillas.

Opcional: Escoba ritual (reservada para uso mágico). Campana, carillón, tambor o cuenco tibetano. Mantel decorativo para la mesa. Adornos de altar propios de la estación. Pasteles y cerveza.

Para organizar el ritual: Prepara el círculo con la mesa en el centro. El cuenco de agua debe ser fácilmente accesible desde un lado, con las velas del Dios y la Diosa en el centro, y el plato o los platos donde se colocarán las velas cerca del cuenco de agua. Las plantas purificadoras deben estar sobre la mesa, junto con los pasteles y la cerveza. Las velas para llamar a los cuartos pueden estar en los bordes externos del círculo o en la mesa, en sus direcciones correspondientes (norte, sur, este y oeste). Si se utiliza una escoba o un instrumento musical, deben entregarse a la integrante del aquelarre que los vaya a utilizar. Dependiendo del espacio del que dispongas, las toallas pueden colocarse encima o debajo de la mesa, o entregarse a cada participante al entrar en el círculo. Pequeñas velas votivas o candelitas deben colocarse a un lado y repartirse individualmente. Elige a una integrante del aquelarre para que lo haga de antemano, y ubícala de forma que todas tengan que pasar delante de ella para entrar en el círculo. También puedes escoger a cuatro personas con antelación para llamar a los cuartos, o la líder del ritual puede hacerlo todo.

● ● ●

★ Cuando todo esté listo, quien dirija el ritual debe situarse junto a la mesa del altar. Todas las demás deben entrar en el círculo y se les entregará una vela al hacerlo.

★ La líder dice: «Bienvenidas a nuestro ritual de Imbolc. Celebramos las primeras señales de que la tierra vuelve a la vida, por sutiles que sean, y aprovechamos la energía de la estación para sanar, purificar y renovar».

★ Una integrante del grupo camina por fuera del círculo con la escoba o las plantas purificadoras encendidas mientras la líder dice: «Barremos lo viejo y limpiamos y purificamos este espacio para su uso mágico, apartando los viejos patrones que ya no funcionan y dejando espacio para la sanación y el cambio positivo».

★ Las plantas purificadoras se van pasando por el círculo de una persona a otra mientras la líder dice: «Nos limpiamos y purificamos, y hacemos espacio para la sanación y el cambio positivo».

★ La líder dice: «Lanzamos el círculo de mano en mano». La líder toma la mano de la persona que hay a su izquierda, y esa a su vez hace lo propio con la persona de su izquierda hasta que todas las que integran el círculo se estén dando la mano. La líder dice: «El círculo está lanzado». Todas repiten (conviene tener algunas personas que sepan esto si no lo hacéis a menudo, para que todos capten la idea). Repetid dos veces más. La líder dice: «Que así sea».

★ Llama a los cuartos y enciende las velas de cada una (la líder puede llamar a los cuatro en el altar o integrantes individuales pueden llamarlos por fuera del círculo).

★ Invoca a la Diosa y al Dios, y enciende sus velas (líder o dos integrantes).

★ La líder: «Hoy nos reunimos para celebrar Imbolc. El invierno sigue entre nosotros, pero bajo nuestros pies, la tierra se despierta. Las semillas empiezan a pensar en la posibilidad de volver a la vida. Ha comenzado un cambio lento y sutil, y podemos aprovechar esa energía para incentivar nuestro propio potencial de cambio y crecimiento. Imbolc es sagrada para Brigid, una diosa triple de la herrería, las artes y la sanación. Durante este ritual la invocaremos para que nos purifique y nos sane (señala el cuenco de agua). Primero, utilizaremos el agua para limpiarnos de viejos pensamientos, hábitos o patrones que ya no nos sirven: todo aquello que nos mantiene estancadas (levanta una vela). Luego invocaremos la llama sagrada de Brigid para que nos ayude a sanar y avanzar hacia el año entrante con renovada fuerza, claridad y paz. Cada una de nosotras, a su vez, se acercará al altar y pondrá las manos en el agua. A continuación, encenderemos una vela para simbolizar nuestro deseo de sanación. Si lo deseáis, tomaos unos momentos junto al agua para visualizar todas las cosas que deseáis eliminar. Cuando encendáis vuestra vela, pensad en todos los aspectos de vuestra vida que deseáis sanar. Que así sea».

★ La líder se acerca al altar y hace una demostración, metiendo las manos en el agua y luego usando una toalla para secarlas. Después pone su vela en el plato y la enciende. Si usas una campana u otro instrumento, la persona que la tiene en su poder debe tocar la campana después de que cada persona haya encendido su vela (cuando sea su turno, puede dársela a la persona que tiene a su lado para que la haga sonar por ella).

★ Moviéndose por el círculo hacia la izquierda, las integrantes deben acercarse por turnos.

★ Cuando todas hayan terminado, puede haber un momento de silencio. Luego la líder dice: «Hemos eliminado lo viejo e invitado a la sanación y el crecimiento positivo. Hemos empezado nuestro año con fuerza y propósito, y así avanzará. Que así sea».

★ Todas: «Que así sea».

★ Pasa los pasteles y la cerveza. (Opcional: si tienes un grupo grande, tal vez quieras omitir esta parte). Si lo desea, la líder puede pronunciar algunas palabras para bendecirlos antes de pasarlos por el círculo.

★ Despide a los cuartos.

★ Da las gracias al Dios y a la Diosa.

★ Abre el círculo.

★ ¡Disfrutad del festín!

EQUINOCCIO DE PRIMAVERA

El equinoccio de primavera cae todos los años en el 21 de marzo o alrededor de esta fecha (puede adelantarse uno o dos días) y marca el primer día oficial de la primavera. Este sabbat también puede conocerse como Ostara, y muchas de las tradiciones cristianas de la Pascua son adaptaciones de los orígenes paganos de esta fiesta. Es uno de los dos únicos días del año (el otro es el equinoccio de otoño) en que hay un equilibrio perfecto entre la luz y la oscuridad, ya que el día y la noche tienen la misma duración.

La primavera es, en esencia, una época de nuevos comienzos y una celebración del potencial que tenemos por delante. Símbolos como los huevos, los pollitos y los conejos (obviamente, todos símbolos de fertilidad) representan la tierra que vuelve a la vida tras el periodo de letargo invernal. El equinoccio de primavera es el momento perfecto para aprovechar la energía del renacimiento y la renovación, y realizar trabajos mágicos para fomentar tus nuevos comienzos.

Bombas de semillas del equinoccio de primavera

Materiales: Arcilla (puede ser arcilla artística, tierra con alto contenido de arcilla si la tienes cerca, o incluso arena para gatos a base de arcilla inodora que ha sido humedecida con antelación). Tierra para macetas. Semillas de flores silvestres. Un bol grande para mezclarlas (si el grupo es muy grande, puedes utilizar un cubo). Tiras de papel. Bolígrafos o lápices. Una mesa que haga las veces de altar, lo bastante grande como para poner todos los materiales. Cuatro velas para llamar a los cuartos (amarilla, roja, azul y verde, o todas blancas). Velas del Dios y de la Diosa (amarillas y crema u oro y plata o blancas). Plantas purificadoras o incienso. Sal y agua mezcladas en un cuenco lo bastante pequeño como para pasarlo alrededor del círculo. Copias del hechizo para cada participante. Cerillas.

Opcional: Platos de cartón pequeños. Adornos de altar propios de la estación, como flores frescas, pequeños huevos de piedra o de chocolate, un mantel de tela de colores pastel primaverales, etc. Pasteles y cerveza. Toallitas de papel o trapos húmedos.

Para organizar el ritual: Coloca la mesa del altar en el centro del círculo con las velas del Dios y la Diosa en medio y los adornos que prefieras. Ubica las velas para llamar a los cuartos en sus direcciones correspondientes (norte, este, sur y oeste) sobre la mesa o en los bordes del círculo. La arcilla, la tierra, las semillas, el cuenco para mezclar y los platos de cartón deben estar colocados a un lado de la mesa (si la arcilla está en un recipiente grande, puede ir debajo). Sobre la mesa pueden colocarse bolígrafos y hojas de papel o pueden repartirse a las participantes a medida que entran en el círculo. También deben estar sobre la mesa las plantas purificadoras y un cuenco de agua, junto con los pasteles y la cerveza.

**Nota:** Dependiendo del tamaño de tu grupo y de cómo te guste hacer las cosas, puedes hacer que las personas se turnen para acercarse a la mesa del altar y preparar sus bombas de semilla allí o para poner los ingredientes en un plato de cartón más pequeño y llevarlos de regreso a donde estaban sentadas, junto con el bolígrafo y el papel, para que todas puedan trabajar en sus bombas de semillas al mismo tiempo. 

• • •

★ La líder dice: «Pasamos las plantas purificadoras, que representan el fuego y el aire, para limpiarnos y purificarnos. Que el humo se lleve nuestras preocupaciones e inquietudes mundanas para que podamos concentrarnos en nuestro trabajo mágico». (Se pasan las plantas purificadoras alrededor del círculo hacia la izquierda).

★ La líder o integrante del grupo dice: «El agua y la sal representan los elementos del agua y la tierra. Limpian cualquier tipo de negatividad y nos anclan en este espacio mágico». (La sal y el agua se pasan alrededor de la mesa, mezcladas en un cuenco. La gente puede ungirse si lo desea).

★ La líder dice: «El círculo está lanzado. Estamos entre los mundos, fuera del tiempo, a salvo y fortalecidas por la magia que convocamos aquí».

★ Llama a los cuartos y enciende las velas para cada una. La líder puede llamar a los cuatro en el altar o integrantes individuales pueden llamarlos en el altar o por fuera del círculo.

★ Invoca a la Diosa y al Dios y enciende sus velas (la líder o dos integrantes).

★ La líder o una integrante del grupo dice: «Hoy es Ostara, el equinoccio de primavera. Marca el primer día oficial de la primavera y el comienzo de la estación del renacimiento y la renovación. La tierra vuelve lentamente a la vida, a medida que la luz se vuelve más intensa y el suelo se calienta. Es un tiempo de nuevos comienzos, de esperanza y de magia. Para celebrarlo, haremos bombas mágicas de semillas (sujeta una muestra terminada, que debe tener de 5 a 7 cm de circunferencia, y señala los ingredientes sobre la mesa). En caso de que no estéis familiarizadas con las bombas de semillas, os prometo que al estallar lo único que libera son flores. La arcilla y la tierra se mezclan con semillas, normalmente de flores silvestres, y se echan en lugares de difícil acceso para embellecer y dar un toque de naturaleza donde de otro modo no lo habría. En nuestro caso, añadiremos un toque de magia y propósito a nuestras creaciones porque somos brujas y podemos hacerlo. Cada una de vosotras tiene una tira de papel y un bolígrafo. Dedicad un momento a pensar qué nuevos comienzos queréis poner en marcha para las próximas estaciones. ¿Qué queréis conseguir que podáis sembrar ahora, ya sea mágico o mundano? Cuando veáis con claridad estos objetivos, escribidlos en vuestro trozo de papel. Concentraos bien al hacerlo y poned toda la energía en vuestra intención».

★ Dale tiempo a la gente para que lo haga. Cuando todas estén listas, empezad a confeccionar las bombas de semillas.

Dependiendo de si las personas van a trabajar por turnos o a la vez, escoged uno de los siguientes:

«Ahora nos turnaremos para acercarnos al altar y mezclar los ingredientes para nuestras bombas de semillas. Cuando vuestra mezcla de arcilla y tierra tenga una consistencia firme, añadid las semillas. Luego envolved todo alrededor de vuestra tira de papel y formad una bola. Cuando hayáis hecho la vuestra, volved a vuestro sitio en el círculo y sujetadla en las manos, concentrándoos en los objetivos que habéis escrito. Cuando todo el mundo haya acabado, recitaremos un conjuro juntas, para activar nuestras bombas mágicas de semillas. Después, podéis colocarlas en vuestro jardín o dentro de una maceta, o, simplemente, lanzarlas en algún lugar al aire libre donde creáis que germinarán y crecerán» o «Ahora nos turnaremos para acercarnos al altar y tomar los ingredientes para nuestras bombas de semillas. Volved a vuestro lugar en el círculo y mezclad todas a la vez los ingredientes hasta que vuestra arcilla y tierra tengan una consistencia firme; luego añadid las semillas. Envolved con ello la tira de papel y formad una bola. Concentraos en los objetivos que escribisteis. Cuando todo el mundo haya acabado, recitaremos un conjuro juntas para activar nuestras bombas mágicas de semillas. Después, podéis colocarlas en vuestro jardín o dentro de una maceta, o, simplemente, lanzarlas en algún lugar al aire libre donde creáis que germinarán y crecerán».

★ Cuando todas estéis listas, tomad las bolas de semillas y recitad el conjuro:

Ha llegado la primavera: la tierra despierta
y su fuerza creciente la naturaleza nos muestra.

**Nosotras también plantaremos nuestras semillas
para crecer;
son un potencial verdadero y luminoso.
Todo lo que deseamos, necesitamos y queremos
florecerá al sol, tal como esperamos.
Con estas bolas de arcilla y semillas sembradas,
¡comienza nuestra magia!**

★ Si quieres, pasa unos trapos o toallitas de papel húmedas para que la gente se limpie las manos.

★ Reparte pasteles y cerveza (opcional). Si el grupo es numeroso, probablemente quieras saltarte este paso. Si lo desea, la líder puede pronunciar unas palabras para bendecirlos antes de pasarlos.

★ Pasa el bastón de la palabra (opcional).

★ Despide a los cuartos.

★ Da las gracias al Dios y a la Diosa.

★ Abre el círculo.

★ ¡Disfrutad del festín!

Beltane

Beltane, o Primero de Mayo, es una festividad de mitad del cuarto que cae en el día 1 de mayo, aunque algunos lo celebran la noche anterior al atardecer. Se originó como un festival celta del fuego y se relaciona con la fertilidad, el amor romántico y sensual y el comienzo de la temporada de cultivo. La gente suele bailar alrededor de un palo de mayo, que es un tronco alto del que cuelga una corona de cintas de la parte superior. Las participantes bailan en direcciones opuestas: la mitad baila en una dirección y la otra mitad en la contraria, entrelazando las cintas alrededor del poste con gran alegría.

En la tradición wiccana, esta fiesta celebra la unión del Dios y la Diosa, y es probable que nuestros primeros antepasados paganos hicieran ritos para aumentar la fertilidad de sus campos. En aquellos días, el éxito de la siembra del año marcaba la diferencia entre comer o pasar hambre, así que era un asunto serio, aunque optimista.

Aunque no todas cultivamos necesariamente para sobrevivir, todas tenemos aspectos de nuestras vidas que queremos que se desarrollen sanos y fuertes, ya sea nuestra práctica espiritual, nuestras carreras profesionales, nuestras familias o nuestras relaciones. Este ritual aprovecha la energía de Beltane para impulsar la fertilidad, abundancia y éxito de nuestros propios «campos» personales.

 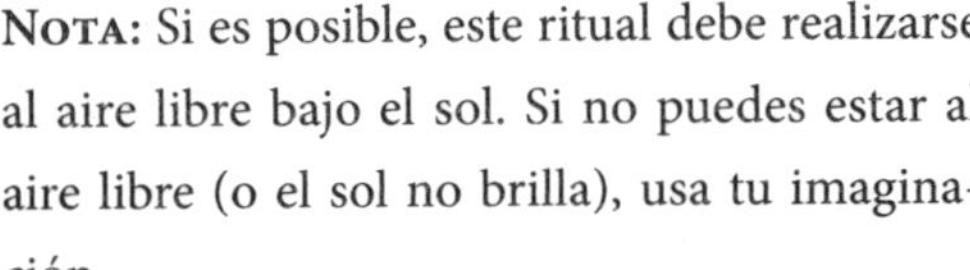 

Nota: Si es posible, este ritual debe realizarse al aire libre bajo el sol. Si no puedes estar al aire libre (o el sol no brilla), usa tu imaginación.

Materiales: Suficientes flores de colores para que cada participante tenga una. Suficientes velas votivas o velas cónicas para que cada participante tenga una (es muy bonito que sean de varios colores, pero no hay problema si son blancas). Cada una debe estar en un recipiente o portavelas resistente al fuego. Si hay mucha gente, puedes pedirles a las participantes que cada una traiga la suya. Palillos de dientes. Una mesa para colocar encima los materiales; si tienes un círculo exterior, puedes utilizar una piedra grande y plana. Tiras largas de cintas o serpentinas. Cuatro velas para llamar a los cuartos (amarilla, roja, azul y verde o todas blancas). Velas para el Dios y la Diosa (amarilla y blanca, u oro y plata, o ambas blancas). Plantas purificadoras o incienso. Cerillas. Grabación de música alegre (algo pagano o celta o el tipo de música que ponen en una feria renacentista, por ejemplo); puedes reproducirla en un reproductor de CD o con un iPod conectado a un altavoz por Bluetooth o cualquier otra cosa que funcione para ti. Si tienes la suerte de contar con músicos en tu aquelarre, la música en vivo es aún mejor.

Opcional: Una cesta para colocar las flores o las velas. Una hoguera si puedes encender una. Pasteles y cerveza. Bastón de la palabra. Adornos para el altar, como flores o alguna otra ofrenda para los dioses, un mantel de la estación, cristales o cualquier elemento adecuado para la ocasión.

Para organizar el ritual: Las velas para los cuartos deben colocarse en los bordes del círculo, en las direcciones correspondientes (norte, este, sur y oeste). Todos los demás elementos deben colocarse en el centro de la mesa, salvo el reproductor de música, que debe estar a un lado y fuera del camino. Las cestas o recipientes con flores y velas pueden estar sobre la mesa o debajo si no hay espacio suficiente.

Bendiciones de Beltane

★ Formad un círculo. Si queréis hacerlo de forma solemne, podéis entrar una a una en él. Si vais a hacer una hoguera, tenedla ya encendida y poned la mesa al lado.

★ La líder dice: «Pasamos las plantas purificadoras o el incienso, que representan el fuego y el aire, para limpiarnos y purificarnos. Dejemos que el humo barra nuestras preocupaciones e inquietudes mundanas para que podamos centrarnos en nuestro trabajo mágico». (Se pasan las plantas purificadoras o el incienso de mano en mano hacia la izquierda).

★ La líder o una integrante del grupo dice: «¡Es Beltane y nos regocijamos! Las flores florecen y nosotros también».

★ Una integrante del grupo dice: «Lanzamos el círculo con las flores de verano; cada una es un regalo de la naturaleza; cada una, una bendición de los dioses, como lo somos todas nosotras». (Toma una flor del cesto o manojo y luego entrega el resto a la persona que tiene a su izquierda para que las flores pasen de mano en mano por todo el círculo y cada persona tome una).

★ La líder dice: «El círculo está lanzado. Estamos entre los mundos, fuera del tiempo, a salvo y fortalecidas por la magia que invocamos aquí. La magia especial de Beltane abre nuestros corazones y llama a nuestros espíritus, y así nos reunimos para celebrar este sabbat».

★ Llama a los cuartos y enciende las velas de cada una (la líder puede llamar a los cuatro o pueden ser llamados por integrantes individuales).

★ Invoca a la Diosa y al Dios, y enciende sus velas (la líder o dos integrantes).

★ La líder dice: «Hoy es Beltane, un festival del fuego sagrado dedicado al amor, la fertilidad y la abundancia. Nuestros antepasados bailaban en los campos para asegurar que las cosechas crecieran fuertes y abundantes. Probablemente hacían otras cosas en los campos también, pero eso nos tiene sin cuidado. Encendían hogueras y saltaban encima de ellas para tener suerte. Pero no os preocupéis; tampoco haremos eso. Lo que haremos hoy es magia para asegurar que nuestras propias cosechas sean exitosas, sea lo que sea que intentemos cultivar o conseguir en esta temporada que empieza. Pueden ser cosechas reales si sois jardineras, o carreras profesionales, vínculos con otras personas, crecimiento personal, lo que sea que queráis nutrir, lo que sea en lo que vayáis a poner vuestra energía y vuestro corazón. Repartiremos velas para canalizar el aspecto del fuego de este sabbat, y podéis utilizar un palillo de dientes para tallar en ellas palabras o símbolos que representen vuestras intenciones y deseos. Profundizad en vuestro interior y concentraos, sabiendo que estáis plantando semillas para aquello que deseáis».

★ Una integrante recorre el círculo repartiendo velas y palillos de dientes. La gente puede sentarse durante esta parte del ritual y tomarse todo el tiempo que necesite para grabar palabras o símbolos en sus velas.

★ Cuando todo el mundo esté listo, se vuelven a poner de pie, con las velas en la mano. La líder dice: «En Beltane es tradicional bailar alrededor del palo de mayo. Nosotras no podemos hacerlo, pero podemos bailar dentro de nuestro círculo para generar la energía que empodere nuestro trabajo mágico. Podéis hacerlo de la forma que os resulte más cómoda. Bailad alrededor del círculo, bailad en vuestro sitio, sacudid los brazos en el aire, aplaudid o golpead vuestros tacones contra el suelo. Tomad una cinta y sacudidla en el aire. No hay una forma incorrecta de hacerlo. Cuando la energía alcance su punto máximo, nos turnaremos para encender nuestras velas y enviar nuestros deseos al universo».

★ Comienza la música y la gente baila o taconea, da vueltas haciendo girar sus cintas, o lo que sea. Esto continúa hasta que la líder considere que la energía ha alcanzado su punto máximo y apaga o baja la música.

★ Cada participante se acerca a la mesa y enciende su vela con una cerilla o con una de las velas de la Diosa o del Dios, moviéndose alrededor del círculo hacia la izquierda de forma ordenada hasta volver a colocarse en su lugar.

★ Una vez que todas lo han hecho, la líder dice: «Nuestro fuego arde con fuerza. Nuestros espíritus arden con fuerza. Nuestra magia de Beltane es fuerte y hará que nuestros sueños y deseos den frutos. ¡Que así sea!».

★ Todas (con entusiasmo): «¡Que así sea!».

★ Pasa pasteles y cerveza (opcional).

★ Pasa el bastón de la palabra (opcional).

★ Despide a los cuartos.

★ Da las gracias a la Diosa y al Dios.

★ Abre el círculo diciendo: «El círculo está abierto pero nunca roto. ¡Feliz encuentro, feliz partida y feliz reencuentro!».

★ ¡Disfrutad del festín!

SOLSTICIO DE VERANO

El solsticio de verano, también conocido como *midsummer*, o a veces Litha, marca el primer día del verano. Cae alrededor del 21 de junio, aunque la fecha cambia cada año. Es el día más largo del año, con la mayor cantidad de sol y menor cantidad de oscuridad. El solsticio de verano se ha celebrado en todo el mundo desde que tenemos documentos escritos, y se cree que lugares como Stonehenge fueron diseñados para marcar el momento exacto en que sucede. En este día en particular, la gente viajaba a este tipo de lugares o a aguas sagradas (manantiales, lagos, ríos) que se decía que tenían poderes curativos.

El solsticio es un momento de júbilo. La tierra está en su momento más fértil, el sol está lleno de energía y la luz y el crecimiento están por todas partes. Tradicionalmente, es un tiempo de ritos de unión de manos y bodas (la Luna llena de junio se llama a veces Luna de Miel) y de reuniones al aire libre con familiares y amigos. ¿Os suenan los pícnics?

A veces el Círculo de la Luna Azul aprovecha este sabbat para hacer un ritual con un estilo más relajado e invita a aquellos amigos que sienten curiosidad o a desconocidos que mostraron interés por el grupo, pero que no queríamos incluir en rituales que exigían mayor concentración. Algunos aquelarres abren sus rituales a los niños para el solsticio de verano y se aseguran de que la magia que practican sea adecuada para ellos. Incluso conozco a personas que no son paganas y que celebran fiestas de solsticio de verano todos los años, eventos que no tienen nada que ver con la brujería, pero que celebran la historia y las tradiciones del día.

Me gusta hacer rituales para el solsticio que sean a la vez divertidos y funcionales, aprovechando la energía poderosa del sol y la tierra para sanar, crecer y empoderarnos. Siempre que es posible, nos reunimos al aire libre, vistiendo colores alegres bajo el cielo luminoso, y terminamos con un festín de alimentos de la temporada y tal vez una barbacoa.

Energía solar del solsticio de verano

Materiales: Botellas de burbujas (a veces se pueden encontrar pomperos más pequeños que son más fáciles de utilizar y más económicos si tienes muchas personas). Piedras pulidas (no tienen que ser grandes ni elegantes; los cristales de cuarzo son preciosos, pero puedes utilizar cualquier tipo de piedra que tengas o pedirle a la gente que traiga la suya y tener algunas más a mano en caso de que haya integrantes del aquelarre que no tengan ninguna). Plantas purificadoras o incienso. Cuatro velas para llamar a los cuartos en portavelas resistentes al fuego (amarilla, roja, azul y verde o todas blancas). Dos velas para la Diosa y el Dios en portavelas resistentes al fuego (blanca y crema, u oro y plata, o ambas blancas). Cerillas. Mesa para el altar, a menos que dispongas de un círculo exterior permanente al aire libre.

Opcional: Tambores, sonajeros u otros instrumentos. Pasteles y cerveza (en el solsticio es tradicional beber hidromiel, pero cualquier zumo servirá). Bastón de la palabra. Adornos de altar como flores o alguna otra ofrenda para los dioses. Un mantel de la estación. Cristales o cualquier otro elemento que sea adecuado para la estación; deben ser brillantes y alegres.

Para organizar el ritual: Coloca las velas para los cuartos en los bordes exteriores del círculo, en las direcciones correspondientes (norte, este, sur, oeste). Todos los demás elementos deben estar sobre la mesa del altar, junto con las decoraciones que quieras utilizar para la ocasión.

• • •

★ Todas las participantes se reúnen en un círculo. Pasa las plantas purificadoras o el incienso y que cada persona esparza el humo por su cuerpo, de la cabeza a los pies. La líder dice: «Con este humo sagrado, nos limpiamos y despejamos de las preocupaciones cotidianas y nos preparamos para estar presentes en este espacio mágico».

★ Lanza el círculo de mano en mano, empezando por la líder del ritual, que toma la mano de la persona que hay a su izquierda. La líder dice (y todos repiten luego): «Lanzamos este círculo de mano en mano. Juntas en la magia, juntas estamos».

★ Llama a los cuartos.

★ Invoca a la Diosa y al Dios.

★ La líder dice: «Nos reunimos hoy para el solsticio de verano. Es el día más largo del año, el que tiene la noche más corta. Durante este breve periodo de tiempo, la luz reina con supremacía. El sol se alza poderoso en el cielo; la tierra que hay debajo rebosa energía y abundancia. Los pájaros, los animales y las plantas se regocijan, y nosotras también. Por eso haremos un ritual que aproveche esa energía estival para canalizarla en lo que necesitemos: sanación, prosperidad, amor y mucho más. Y nosotras también nos regocijaremos y enviaremos nuestros deseos al mundo para que se los lleve el viento en forma de agua y aire sagrados, engalanados con el potencial ilimitado de entusiasmo que tiene un niño».

★ Pídele a alguien que reparta las piedras o que las pase por el círculo para que la gente escoja una, o haz que saquen las suyas si las trajeron de casa. La líder (o alguna otra integrante del aquelarre, ya que este discurso pueden darlo un par de personas si lo deseas) puede levantar su piedra al cielo y decir: «Por encima está el sol. Es brillante y glorioso, y su luz y calor permiten que las plantas crezcan y las cosechas florezcan en los campos. Del sol viene la energía y la luz (sostiene la piedra hacia el suelo). Por debajo está la tierra. Nos centra en el aquí y el ahora y nos mantiene a salvo. De la tierra viene la abundancia y la fuerza (extiende el brazo con la piedra sobre la palma de la mano abierta). Abríos al poder del sol y de la tierra, abríos a la magia del solsticio y dejad que la piedra que sujetáis absorba la esencia del día, para poder recurrir a ella más adelante, cuando la necesitéis». (Si la gente va a tocar el tambor o utilizar sonajeros, etc., puede turnarse para que cada una tenga la oportunidad de utilizar su piedra o tocar la música con una mano mientras sostiene su piedra con la otra).

★ Cuando la energía del círculo alcanza su punto máximo, la líder puede golpear un tambor o decir en voz alta: «¡Que así sea!».

★ Todos: «¡Que así sea!».

★ La líder (u otra integrante) dice: «Guardad vuestras piedras en un lugar seguro porque ahora es momento de regocijaros. Disfrutamos del día. Nos alegramos de estar juntas. Y nos deleitamos con la magia y el júbilo de la llegada del verano (reparte los pomperos o los pasa de mano en mano alrededor del círculo hasta que todas tengan uno). Por turnos, haremos pompas y las lanzaremos al cielo. Mientras sopláis, pedid un deseo (o tantos deseos como queráis) y dejad que las burbujas lleven vuestros deseos hacia el cielo y más allá, hasta los dioses. Podéis gritar vuestros deseos en voz alta o reservarlos para vosotros, si lo preferís. Al soplar, poned toda la fuerza de vuestra voluntad e intención en vuestro aliento, y canalizad un poco de la energía estival que acabamos de reunir. ¡Y no os olvidéis de divertiros!».

★ Cada persona se turna haciendo pompas y enviando sus deseos. Cuando la última ha terminado, todas gritan a una vez: «¡Que así sea!».

★ Pasa los pasteles y cerveza opcionales. La líder puede bendecirlos antes de repartirlos por el círculo; primero, los pasteles: «Bendice estos pasteles, regalos de la tierra, que alimenten nuestro cuerpo y nuestro espíritu, y después de nuestro trabajo mágico, nos centren en el aquí y el ahora». Luego, la cerveza: «Bendice esta cerveza; que nuestra vida sea tan dulce como la fruta de este cáliz».

★ Pasa el bastón de la palabra (opcional).

★ Despide a los cuartos.

★ Da las gracias a la Diosa y al Dios.

★ Abre el círculo diciendo: «El círculo está abierto pero nunca roto. Feliz encuentro, feliz partida y feliz reencuentro».

★ ¡Disfrutad del festín!

Lammas

Lammas es la primera de las tres festividades de la cosecha de la Rueda del Año. También se conoce con el nombre celta Lughnasadh, en honor a Lugh, el dios de la luz. Cae el 1 de agosto. Las festividades de la cosecha eran muy importantes para nuestros antepasados paganos, ya que una buena cosecha podía significar la diferencia entre la vida y la muerte o, como mínimo, un largo y crudo invierno.

Esta festividad en particular celebra el grano, y sus rituales pueden incorporar pan, espigas de trigo o granos en alguna otra forma. Resulta muy oportuno invocar a divinidades relacionadas con la cosecha, como Deméter (o Ceres, como la conocían los romanos) o el propio Lugh.

Las cosechas pueden ser tanto simbólicas como físicas, y no hace falta tener una granja o una huerta para recoger lo que se ha sembrado. Lammas es un buen momento para recordar que debemos revisar nuestros objetivos del año, tanto mágicos como mundanos, y ver si hemos dedicado suficiente tiempo y energía a las cosas que son realmente importantes para nosotras, para ayudarlas a crecer y florecer. Si la respuesta es negativa, la temporada es aún lo bastante incipiente como para cambiar de estrategia y volver a encaminarnos.

Este sencillo ritual es una celebración de la cosecha y, además, una oportunidad de consultar a los dioses y a tu sabia voz interior para obtener una respuesta.

Sabiduría y orientación de la cosecha

Materiales: Una hogaza redonda de pan, preferiblemente del tipo rústico (se puede reemplazar por pan sin gluten). Velas votivas blancas (suficiente cantidad para todas). Alguna forma de adivinación (pueden ser cartas de tarot, piedras rúnicas, cartas del oráculo, lo que sea compatible con tu aquelarre o tengas a mano). Plantas purificadoras o incienso. Cuatro velas para los cuartos en recipientes resistentes al fuego (amarilla, roja, azul y verde o todas blancas). Velas de la Diosa y el Dios en recipientes resistentes al fuego (blanca y crema o plateada o dorada, o ambas blancas). Copias del hechizo para todas las participantes. Una mesa para utilizar como altar. Cerillas.

Opcional: Pasteles y cerveza. Bastón de la palabra. Mantel de altar y adornos adecuados para la festividad.

Para organizar el ritual: Coloca la mesa del altar en el centro del círculo. Se pueden poner encima todos los materiales, a excepción de las velas para llamar a los cuartos, que deben colocarse en las direcciones correspondientes, por fuera del círculo (norte, este, sur, oeste) si no quieres tenerlas todas en el altar o no hay espacio.

* * *

★ Enciende las plantas purificadoras o el incienso y pásalas por el círculo hacia la izquierda. La líder puede decir: «Con este humo sagrado limpiamos y purificamos nuestros cuerpos y espíritus, entrando en la estación de la cosecha con la mente despejada y el corazón abierto».

★ Para lanzar el círculo, pasa el pan de mano en mano (hacia la izquierda). La líder dice: «Lanzamos nuestro círculo con el pan de la vida, símbolo de esta fiesta de la cosecha. Al compartir este pan, compartimos también el espacio sagrado y la magia que tiene lugar en su interior. Que así sea». Cada persona parte un trocito de pan y se lo come, luego pasa el pan a la siguiente persona hasta dar toda la vuelta al círculo.

★ Llama a los cuartos.

★ Invoca a la Diosa y al Dios.

★ Esta parte que sigue puede hacerse de pie o con todas sentadas cómodamente. La líder dice: «Nos reunimos hoy para celebrar Lammas, la primera festividad de la cosecha de la Rueda del Año. En este momento del ciclo, todas esperamos empezar a recoger la cosecha de lo que hayamos plantado a principios de año. Puede que se trate de planes profesionales, metas dentro de una relación o un nuevo rumbo en nuestro camino espiritual. Si las cosas van como queremos, quizá nos preguntemos si podríamos estar haciendo algo más. Si no estamos viendo los resultados que esperábamos, puede que queramos orientación respecto a cómo cambiarlo. Así que ahora haremos una pequeña adivinación de Lammas. Fijad en vuestra mente la pregunta que queréis hacer, y pasad estas cartas (o runas o lo que estéis usando) alrededor del círculo. Cada persona tomará una y verá si le ayuda a aclarar su situación. Si no estáis seguras de lo que significa, no dudéis en pedir la opinión de los demás. A veces los demás pueden ver las respuestas a situaciones que estamos viviendo con más claridad desde fuera que nosotros desde dentro».

★ Pasa la herramienta de adivinación alrededor del círculo y pídele a cada persona que formule su pregunta (en silencio o en voz alta, según decida) y vea si las cartas o runas pueden orientarle. Ayudaos mutuamente si os lo piden y aseguraos de ser comprensivas y de no criticar.

★ Una vez que ha terminado la parte adivinatoria del ritual y se han devuelto los complementos al altar, reparte una vela blanca a cada una. La líder (u otra integrante) dice: «Todas tenemos esperanzas y sueños para lo que resta del año. No es demasiado tarde para cosechar lo que deseamos y trabajar para crear cambios positivos en nuestras vidas. Si obtuvisteis respuestas a vuestras preguntas, concentraos en ese nuevo conocimiento y en el lugar hacia donde pueda llevaros. Si aún buscáis claridad, focalizaos en ese deseo. Cuando todas estemos listas, encenderemos nuestras velas y recitaremos este conjuro juntas, con el objetivo de conseguir la mejor cosecha posible antes de la llegada del frío y la oscuridad.

Dioses del sol y de la luz en el cielo,
Diosas del crecimiento y del amor verdadero,
ayudadnos con las cosechas que plantamos,
conceded nuestros deseos y aquello
que anhelamos,
guiad nuestros corazones,
mantenednos concentradas,
¡y de este modo recojamos buenas cosechas!

«Concentraos en las llamas de las velas durante unos minutos y luego apagadlas. Podéis llevarlas a casa y ponerlas en vuestros altares o en otro lugar seguro y volver a encenderlas cuando sintáis que necesitáis un impulso o un recordatorio de aquello para lo que estáis trabajando».

★ Pasa pasteles y cerveza (opcional).

★ Pasa el bastón de la palabra (opcional).

★ Despide a los cuartos.

★ Da las gracias a la Diosa y al Dios.

★ Abre el círculo. Si estás fuera, puedes pasar el resto de la hogaza en la otra dirección, y cada una desmenuzará un poco para dejárselo a los pájaros y a otras criaturas. Di: «Nuestro círculo está abierto pero nunca roto. ¡Feliz encuentro, feliz partida y feliz reencuentro!».

★ ¡Disfrutad del festín!

MABON

Mabon, también conocido como «equinoccio de otoño», cae alrededor del 21 de septiembre y marca el primer día oficial del otoño. Es la segunda de las tres festividades de la cosecha. Dependiendo de dónde vivas, el cambio del verano al otoño puede ser más o menos evidente. Aquí, en el norte del estado de Nueva York, los cambios son inequívocos. Las noches son más frescas, las hojas empiezan a cambiar de color, las vacaciones han terminado y el colegio ha vuelto a empezar.

Incluso la energía del aire es diferente: sigue siendo vibrante, pero más lenta después del ritmo frenético del verano en tanto nos preparamos para los meses más tranquilos que tenemos por delante. Hoy, como en el equinoccio de primavera, la luz y la oscuridad duran lo mismo. Pero a partir de ahora, los días se acortan y las noches se alargan. Mabon es un buen momento para hacer una pausa y respirar hondo, apreciando lo que queda atrás y lo que está por venir.

El Círculo de la Luna Azul casi siempre aprovecha este día excepcional (de los que solo hay uno o dos durante el año, cuando el mundo mismo está en equilibrio) para trabajar en nuestro propio equilibrio interior. Admitámoslo: en el ajetreado mundo de hoy en día, puede ser difícil de conseguir. Un poco de magia para ayudarte no hace mal a nadie.

Ejercicio de equilibrio de Mabon

Materiales: Velas votivas blancas y negras (una para cada una). Palillos de dientes. Una manzana y un cuchillo afilado en un plato. Plantas purificadoras o incienso. Cuatro velas de cuartos en recipientes resistentes al fuego (amarilla, roja, azul y verde o todas blancas). Velas de la Diosa y el Dios en recipientes resistentes al fuego (blanca y crema, u oro y plata, o ambas blancas). Copias del hechizo para todas. Una mesa para utilizar como altar. Cerillas.

Opcional: De fondo, tamborileo u otra música tranquila para meditar. Un cesto para las velas blancas y negras. Pasteles y cerveza. Bastón de la palabra. Mantel de altar y adornos adecuados para la festividad.

Para organizar el ritual: Coloca la mesa del altar en medio del círculo. Pueden ponerse encima todos los materiales, a excepción de las velas para llamar a los cuartos, que deben colocarse en las direcciones adecuadas por fuera del círculo (norte, este, sur, oeste) si no quieres tenerlas todas sobre el altar o no hay espacio. El plato con la manzana y el cuchillo debe estar cerca del lugar donde estará la líder de pie. Si lo prefieres, pueden repartirse las velas blancas y negras y un palillo de dientes a las personas a medida que entran en el círculo; si no, pueden repartirse durante el ritual (si hay mucha gente, la primera opción puede ser más fácil).

• • •

★ Enciende las plantas purificadoras o el incienso y pásalos alrededor del círculo hacia la izquierda. La líder puede decir: «Con este humo limpiamos y purificamos nuestros cuerpos y espíritus, entrando en el espacio sagrado con la mente despejada y el corazón abierto».

★ Lanza el círculo de mano en mano. La líder toma la mano de la persona que tiene a su izquierda y dice: «Lanzamos el círculo de mano en mano», y así sucesivamente alrededor del círculo hasta volver a la líder, que dice: «El círculo está lanzado; estamos entre los mundos».

★ Llama a los cuartos.

★ Invoca a la Diosa y al Dios.

★ La líder dice: «Nos hemos reunido para celebrar el equinoccio de otoño, también conocido como Mabon. Como segunda festividad de la cosecha de la Rueda del Año, es un momento de celebración y gratitud. También lo es de introspección, ya que empezamos a prepararnos para los días más fríos y oscuros que hay por delante. Hoy el día y la noche son iguales; están en perfecto equilibrio. La vida es dulce y mágica, como esta manzana, símbolo de la estación de la cosecha (corta la manzana a la mitad por el centro, descubriendo el pentáculo que hay en su interior, y lo levanta para que todas puedan verlo). ¿Lo veis? Incluso la naturaleza tiene su lado brujeril, con un pentáculo dentro de cada manzana». Después, si lo deseas, puedes utilizar la manzana para la parte dedicada a los pasteles y la cerveza, cortándola en trozos más pequeños y pasándolos de mano en mano.

★ La líder continúa o alguna otra integrante dice: «Pero el equilibrio no siempre es fácil de conseguir. Para muchas de nosotras, puede ser un objetivo esquivo. Demasiado trabajo y poco descanso. Demasiado tiempo sentadas y poco movimiento. Demasiada tristeza y poca alegría. Demasiado dar para recibir poco a cambio. Hoy haremos un trabajo mágico para ayudarnos a conseguir un mayor equilibrio en nuestras vidas, aprovechando la energía especial de esta festividad mágica que nos ayuda a conseguir ese equilibrio.

★ Si estás utilizando música de fondo, ponla ahora. Si no los habías repartido antes, distribuye velas negras y blancas y palillos de dientes.

★ La líder o alguna otra integrante dice: «Nada en la vida es blanco o negro, y todas las cosas tienen su propósito, pero un mejor equilibrio puede ayudarnos a ser más felices y saludables. Tomad vuestro palillo de dientes y grabad en vuestra vela negra con esmero algunas palabras que representen aquellos elementos de los que os beneficiaríais de tener menos en vuestra vida. Luego tallad en la vela blanca aquellos elementos de los que os vendría bien tener más. No hay respuestas correctas o incorrectas, solo lo que funciona para vosotras.

★ Dale tiempo a la gente para que realice esta actividad a conciencia. Luego continúa: «Ahora encenderemos nuestras velas. Cuando estén todas encendidas, diremos juntas el conjuro del equilibrio». Si hay suficientes cerillas para todas, podéis encender las velas al mismo tiempo. Si no, pasa las cerillas alrededor del círculo hasta que todas hayan encendido las suyas, y luego recita el conjuro:

Bendición de la naturaleza de la estación,
poder de los dioses de arriba,
trae equilibrio a mi vida;
equilibrio a la mente y al amor,
trabajo y diversión en justa medida,
comida sana y sueño que da vida.
Todo ello necesito para prosperar,
¡el equilibrio en mi vida he de conseguir!

★ Quédate sentada un momento para asimilar el poder del hechizo, luego apaga las dos velas. Quita la música si la has utilizado.

★ La líder dice: «Llevaos estas velas a casa y ponedlas en vuestro altar o en otro lugar seguro. Encendedlas siempre que sintáis la necesidad de reconectar con la energía de este día para obtener equilibrio, y repetid el conjuro».

★ Pasa pasteles y cerveza (opcional).

★ Pasa el bastón de la palabra (opcional). Si la gente lo desea, puede hablar de lo que ha pedido más o menos en su vida.

★ Despide a los cuartos.

★ Da las gracias a la Diosa y al Dios.

★ Abre el círculo. Puedes decir: «¡Feliz encuentro, feliz partida y feliz reencuentro!».

★ ¡Disfrutad del festín!

SAMHAIN

Para muchas brujas, Samhain es el día más sagrado del año. Conocido por la mayoría como Halloween (que se tomó de la fiesta cristiana All Hallow's Eve, «víspera de todos los santos», que a su vez se adaptó de las tradiciones paganas que la inspiraron), se relaciona con fantasmas, brujas y todo lo mágico.

Se dice que Samhain, que cae el 31 de octubre, es el momento en que el velo entre los mundos (el nuestro y el de los que han pasado al más allá) es más fino. Es el momento de intentar comunicarnos con quienes hemos perdido y decirles todo lo que sientas que debe decirse, aunque sea algo tan sencillo como «Te echo de menos». Este sabbat suele relacionarse con la adivinación, aunque deberías ser más prudente de lo habitual y lanzar un círculo mágico para mantenerte a salvo. También es la tercera y última fiesta de la cosecha, por lo que puede decorarse el altar con calabazas, manzanas y otras frutas y verduras de la estación.

A veces se hace referencia a esta festividad como el Año Nuevo de las brujas. En el calendario de la Rueda del Año, es a la vez el último día del año viejo y el primero del año nuevo. Por ello, es un buen momento para hacer un ritual de dos partes: la primera mitad, dedicada a despedir el año viejo y todo lo que trajo (bueno y malo), y la segunda mitad, a abrirse al potencial del nuevo año por delante.

Hay una energía tremenda en el aire durante Samhain, así que aunque suelas incluir a niños y amigos no brujos en tus rituales, este puede ser el ritual adecuado que reservar para brujos practicantes. Por otra parte, a mí me introdujeron al arte de la magia en un ritual de Samhain, así que nunca se sabe. Solo ten en cuenta que los rituales de Samhain pueden ser intensos y muy poderosos, y no todo el mundo estará cómodo con ello.

Este ritual es un poco más solemne que la mayoría, en consonancia con la importancia de la noche, pero eso no significa que no puedas divertirte. Al fin y al cabo, también es una celebración de Año Nuevo. El Círculo de la Luna Azul suele tener un comienzo solemne, seguido de una segunda mitad más alegre y animada; el ritual se basa en el tipo de cosas que hacemos.

Aunque no lleves prendas especiales el resto del año, Samhain es un sabbat en el que podrías sacar tus prendas más brujeriles, llevar tu collar de pentáculos y sacar a la fiera que llevas dentro. Si es posible, es un buen ritual para celebrar al aire libre. Si puedes, es una noche maravillosa para hacer una hoguera. Bailar o no alrededor de ella, depende de ti.

Celebración animada de Samhain

Materiales: Velas negras (puedes utilizar blancas si no tienes negras; candelitas o incluso velas cónicas con forma de carillón van bien; se necesita una por participante, pero si tienes un grupo más pequeño, puedes darles más de una).

Plato o platos resistentes al fuego para las velas o un caldero o plato poco profundo lleno de arena (si usas arena, apoya las velas encima; si usas velas cónicas y delgadas, húndelas algunos centímetros en la arena). Una mesa pequeña separada para colocarlos encima, a menos que el caldero sea lo bastante grande para apoyarlo en el suelo. Ramitas de romero fresco (suelen encontrarse en la sección de plantas aromáticas del supermercado si nadie de tu grupo tiene huerta; si es necesario, puedes sustituirlas por romero seco, aunque ensuciará más) y un cuenco donde ponerlas. Una campana, un gong, un cuenco tibetano, un sonajero (o cualquier cosa que haga ruido); si no tienes ninguno de ellos, puedes crear tu propio sonajero metiendo judías secas en un tarro, aunque es preferible una campana. Hojas de maíz secas o trozos de papel y rotuladores para escribir encima (las hojas de maíz son muy estacionales, y quizá encuentres tallos de maíz en alguna granja para decorar, o bien puedes comprar mazorcas de maíz en la verdulería, quitarles las hojas y dejarlas secar, guardando el maíz para la fiesta; si no, puedes utilizar papel normal). Un bol grande para poner las hojas o el papel si no vas a hacer una hoguera. Plantas purificadoras o incienso. Cuatro velas para los cuartos en recipientes resistentes al fuego (amarilla, roja, azul y verde, o todas blancas). Velas de la Diosa y el Dios en recipientes resistentes al fuego (blanca y crema, o plateada y dorada, o ambas blancas o ambas negras). Copias del hechizo para todos. Una mesa para utilizar como altar. Cerillas.

Opcional: Tamborileo o música tranquila de meditación para poner de fondo. Un cesto para las velas negras. Otra cesta para las hojas de maíz o papel y bolígrafos. Pasteles y cerveza. Bastón de la palabra. Mantel de altar y adornos adecuados para la fiesta. Si la gente lo desea, puede colocar imágenes o símbolos de sus seres queridos difuntos (humanos y animales) en la mesa de altar más pequeña donde se encuentran las velas.

Para organizar el ritual: Coloca la mesa del altar en el centro del círculo. Encima pueden colocarse todos los materiales, excepto las velas para los cuartos, que deben colocarse en la dirección adecuada, por fuera del círculo (norte, este, sur y oeste) si no quieres tenerlas todas en el altar o no hay espacio. Las velas deben ser colocadas en la segunda mesa junto con algunas cerillas y cualquier objeto que alguna integrante del aquelarre quiera poner allí para recordar a sus seres queridos. La campana, el gong, el cuenco tibetano o el sonajero también deben estar en esa mesa. Si tenéis pensado encender una hoguera, hacedlo antes de que empiece el ritual. (Asegúrate de tener a mano un cubo de agua por si saltan chispas).

* * *

★ Pasa las plantas purificadoras o el incienso alrededor del círculo hacia la izquierda. Sé especialmente concienzuda a la hora de pasarte el humo por el cuerpo, de la cabeza a los pies. La líder dice: «En esta noche sagrada, despejamos y purificamos nuestros cuerpos y nuestras mentes para que entremos en este espacio dispuestas a acoger la magia y el espíritu».

★ Pídele a la líder o a otra integrante que camine por fuera del círculo con una escoba (que esté dedicada al trabajo mágico), un athame, las plantas purificadoras o el incienso. A medida que camina, dice: «Lanzo este círculo dando vueltas, de la tierra al cielo, del cielo al suelo. Conjuro ahora este lugar sagrado, fuera del tiempo y del espacio. El círculo está lanzado, estamos entre los mundos, a salvo y protegidas».

★ Llama a los cuartos.

★ Invoca a la Diosa y al Dios.

★ La líder dice: «Esta noche es Samhain, el Año Nuevo de la bruja. Es el fin del año viejo y el comienzo del nuevo. Esta noche el velo entre los mundos es muy fino. Esta noche podemos hablar con nuestros seres queridos fallecidos, sabiendo que pueden escucharnos con más claridad que de costumbre. Así que nos reunimos en este espacio seguro y sagrado para llorar su pérdida, para recordar, para enviar amor con el corazón abierto. Cada una de las presentes tendrá la oportunidad de encender una vela en el altar (hace un gesto hacia la mesa más pequeña). Podéis despediros de cualquiera que hayáis perdido en el último año o en años anteriores. También podéis dejar ir cualquier sueño que no se haya cumplido o cualquier otro tipo de pérdida. Este año toca a su fin. Ahora es el momento de abandonar aquello de lo que nos lamentamos y reconocer aquello que no podemos cambiar. Cuando sea vuestro turno, tomad un poco de romero y colocadlo en el altar como conmemoración. Luego encended vuestras velas y hablad de vuestras pérdidas en silencio o en voz alta, como os resulte más cómodo. Cuando hayáis terminado, tocad la campana (golpead el gong, sacudid el sonajero) para enviarlos al universo».

★ Cada persona tiene su turno. Cuando todas hayan terminado, la líder o alguna otra integrante dice: «Y así nos hemos despedido de lo viejo, y somos libres para abrazar el Año Nuevo y todo el potencial que encierra. Por cada momento de oscuridad, hay un momento de luz. Por cada puerta que se cierra, existe la posibilidad de un nuevo comienzo. Y así le damos la bienvenida al Año Nuevo, y la rueda vuelve a girar».

★ Reparte las hojas de maíz o el papel y los bolígrafos alrededor del círculo (si están en una cesta, pásala de mano en mano; si no, alguien puede caminar alrededor del círculo entregándole uno a cada persona). La líder o alguna otra integrante dice: «Es el final del año viejo, pero también es el comienzo del nuevo. Volvemos nuestra mirada hacia delante y concentramos nuestra energía en lo que nos espera. Tomaos unos minutos para pensar en lo que esperáis conseguir en la próxima estación y en las siguientes. Luego escribid esos objetivos y deseos».

★ Cuando todas hayan escrito sus objetivos sobre las hojas de maíz o el papel, esta persona u otra continúa. Si no has encendido una hoguera, da la segunda serie de instrucciones: «Ahora que hemos escrito nuestros objetivos y sabemos lo que queremos, cada una de nosotras los arrojará por turno a la hoguera, donde el humo llevará nuestros deseos a los dioses» o «Tomad los objetivos que habéis escrito y dobladlos. Acercadlos a vuestro corazón mientras recitamos este conjuro, luego llevadlos a casa y ponedlos en vuestro altar, bajo vuestra almohada o en algún lugar seguro».

★ Recitad juntas el conjuro. Cuando terminéis, toca la campana o el gong por última vez.

**Nos despedimos del año que pasó
y abrimos nuestros corazones al año por entrar.
Regalos y bendiciones esperamos encontrar**

en el tejido que el destino teje con hilo brillante.
Brujas esta noche y mañana,
recorremos el camino con la cabeza en alto.
Juntas en la alegría y también en la tristeza,
enviamos nuestros deseos al cielo de Samhain.
Bendito año nuevo para todas.
¡Que así sea!

★ Reparte pasteles y cerveza (opcional).

★ Pasa el bastón de la palabra (opcional). Si la gente lo desea, puede hablar sobre algo que le conmueva.

★ Despide a los cuartos.

★ Da las gracias a la Diosa y al Dios.

★ Abre el círculo. Puedes decir: «¡Feliz encuentro, feliz partida y feliz reencuentro».

★ ¡Disfrutad del festín!

yule

Yule, también conocido como el «solsticio de invierno», cae alrededor del 21 de diciembre. Es el comienzo oficial del invierno, aunque en muchos lugares esa estación ya lleva bastante tiempo entre nosotros. El solsticio de invierno es el día más corto del año y la noche más larga, y, sin embargo, celebramos el regreso de la luz, pues cada día que sigue trae consigo un poco más de luz diurna que el anterior.

El cristianismo adoptó muchas de las tradiciones de Yule cuando se extendió por Europa (allí el solsticio de invierno solía llamarse así en los países germánicos y escandinavos). El árbol de Navidad procede de la tradición de meter árboles y ramas verdes en las casas para simbolizar la vida en una época en que la mayoría de las plantas están muertas o inactivas. El rojo y el verde, colores familiares para la mayoría, provienen de las bayas de muérdago y acebo, y la estrella de la copa de los árboles de Navidad tiene cinco puntas.

Hasta el caballero barbudo que trae los regalos tiene un extraño parecido con el Rey Roble, del que se dice que derrocó al Rey Acebo el día del solsticio de invierno. También hay muchas menciones a Yule y Yuletide en los villancicos populares. En la mitología de la Rueda del Año, la Diosa, en su papel de Madre, da a luz al niño Dios y vuelve a traer la luz y esperanza al mundo, completando así el ciclo de nacimiento, crecimiento, muerte y renacimiento.

En realidad, cuando se trata de esta festividad, es una ventaja que haya puntos en común entre el cristianismo y el paganismo. Para las personas criadas en un hogar cristiano convencional, como lo han sido muchas, la familiaridad de las tradiciones superpuestas puede resultar tranquilizante. Para quienes compartimos nuestra vida con personas que no son brujas, Yule es uno de los pocos sabbats en los que podemos incluirlas en nuestras celebraciones (aunque signifique dejar de lado las partes más paganas y mágicas).

El Círculo de la Luna Azul siempre se ha saltado el ritual solemne de Yule y ha optado por celebrar una cena de Yule que incluyera a cónyuges e hijos (para quienes los tenían) y a veces amigos íntimos, algunos de los cuales no se habrían sentido cómodos asistiendo a un evento estrictamente brujeril. Para nosotras, estar juntas siempre ha sido magia suficiente.

El ritual que sigue es lo bastante moderado e inofensivo como para pensar en invitar a amigos o familiares si quieres darles una idea de cómo practicas tus creencias espirituales de un modo que, con suerte, no los haga sentir incómodos.

Siempre puedes saltarte el lanzamiento del círculo, las llamadas a los cuartos y la invocación a la Diosa o el Dios si lo deseas. O puedes decidir que vas a celebrarlo solo con las integrantes del aquelarre, vestir tu atuendo más elegante y darle una bienvenida a lo grande al regreso de la luz. Como siempre, todo depende de ti.

Un feliz Yuletide

Materiales: Pequeño pino, abeto o arbusto (en esta época del año, se suelen encontrar versiones de mesa en el supermercado, o si tienes un árbol de Navidad en casa, puedes utilizarlo; si no hay otro remedio, puedes utilizar una planta en una maceta grande). Una mesa para utilizar como altar. Una vela roja en un recipiente resistente al fuego o una vela a pilas (si el grupo es grande y te preocupa tener que pasar una vela real de mano en mano). Estrellas de cartulina ensartadas en una cinta o cordel para poder colgarlas del árbol (una perforadora facilita esta tarea; si tienes un grupo habilidoso que disfruta haciendo manualidades, puedes cortarlas y crearlas como parte del ritual, en lugar de tenerlas hechas de antemano). Bolígrafos. Una copia del conjuro. Plantas purificadoras o algún incienso de temporada como la canela o la naranja. Cuatro velas para llamar a los cuartos (amarilla, roja, azul y verde o todas blancas). Una vela blanca alta para la Diosa y una blanca baja para el Dios recién nacido. Una vela grande blanca o amarilla. Cerillas. Cada asistente debe traer un regalo envuelto, pequeño y económico, que sea adecuado para cualquier persona (pueden ser cosas útiles, como velas o jabón, un cristal bonito, chocolate o incluso algo casero, como mermelada o galletas).

Opcional: Un soporte o plato elegante para la vela blanca grande. Decoraciones para el árbol o arbusto (pueden ser cosas divertidas y naturales, como arándanos o palomitas de maíz para ensartar en un alambre, palitos de canela, etc., o bien pueden ser el espumillón habitual y pequeños adornos, como estrellas y lunas, si los encuentras). Una cesta para colocar dentro las estrellas y los bolígrafos. Bolsa de papel o de plástico para la limpieza. Pasteles y cerveza. Bastón de la palabra.

Para organizar el ritual: El árbol debe estar en el centro del círculo y la mesa del altar a un lado. Los pequeños regalos envueltos de cada una deben colocarse alrededor de la base del árbol. Las velas para llamar a los cuartos pueden colocarse sobre la mesa o en los bordes del círculo, en sus direcciones correspondientes (norte, este, sur y oeste), y las velas de la Diosa y el Dios, la vela blanca grande y las plantas purificadoras o el incienso deben estar sobre la mesa. Las estrellas de papel pueden colocarse en un cesto con los bolígrafos (puede ir debajo de la mesa hasta que lo necesites si no hay espacio encima). Puede haber copias del conjuro sobre la mesa o repartidas entre la gente a medida que entra en el círculo.

• • •

★ Reuníos en un círculo. Si lo deseas, puedes repartir el conjuro en este momento.

★ Pasa las plantas purificadoras o el incienso de mano en mano alrededor del círculo, yendo hacia la izquierda. La líder dice: «Despejamos y purificamos este círculo y a nosotras mismas para poder entrar en este espacio sagrado, libres de negatividad, y abrirnos a la alegría y la paz del solsticio de invierno».

★   Pasa la vela roja o la vela con pilas. La líder u otra integrante dice: «En este día celebramos el regreso de la luz, por lo que lanzamos el círculo con esta vela, un símbolo del sol y del espíritu». A medida que se pasa la vela, cada integrante le dice a la persona a la que se la entrega: «Que tu vida esté llena de luz». Cuando la vela ha dado la vuelta, la persona que la inició dice: «El círculo está lanzado; estamos en un espacio sagrado».

★   La líder dice: «Hoy es el solsticio de invierno, un día que ha sido celebrado por muchas culturas a lo largo del tiempo. Es la noche más larga del año y el día más breve. Pero a partir de ahora, cada día habrá un poco más de sol y un poco menos de oscuridad, por lo que celebramos el retorno de la luz, que trae consigo esperanza y energía renovada». Enciende la vela grande. «¡Aclamad todas el regreso del sol». (Todas repiten: «¡Aclamad todas el regreso del sol!»).

★   La líder u otra integrante dice: «Como muchas otras festividades celebradas en esta época del año, solemos celebrar Yule con el intercambio de regalos. Para este ritual lo haremos de dos maneras. Empezaremos repartiendo estrellas de papel y bolígrafos. En las estrellas, escribid un deseo que os gustaría ofrecerle a alguien para el año que viene. Puede ser cualquier cosa, desde prosperidad hasta sanación o amor. Puede ser paz o aventuras nuevas, coraje, crecimiento, fe o claridad. Mientras pasamos las estrellas alrededor del círculo, pensad un momento en lo que os gustaría que os regalaran y en lo que regalaríais a las demás si pudierais. Luego escoged una palabra o frase y escribidla en vuestra estrella». (Pasa las estrellas y los bolígrafos alrededor del círculo. Todas escriben en silencio. Cuando todo el mundo ha terminado, recoge las estrellas y los bolígrafos, y pide a una integrante del grupo que mezcle todas las estrellas y las cuelgue en el árbol con la cara en blanco hacia fuera).

★ La líder u otra integrante dice: «Primero, cada una irá al árbol de Yule y escogerá un regalo de debajo, empezando por la persona que está a mi izquierda. Escoged vuestro regalo y luego volved a vuestro lugar en el círculo. Si por casualidad la última persona termina con el regalo que ha traído, lo cambiará con alguien de forma aleatoria. Luego daremos la vuelta al círculo y veremos lo que el Rey Roble nos ha regalado a través de nuestras compañeras».

★ Todas se turnan para ir al árbol y tomar un regalo envuelto, luego rodean el círculo y cada una abre el suyo. Si lo deseas, puedes hacer que al terminar esta parte una integrante pase con una bolsa recogiendo el papel de regalo y los desechos. Todo esto debe hacerse con gran júbilo y regocijo.

★ Una vez terminada esta parte, la líder u otra integrante dice: «Por mucho que nos guste a todas recibir regalos que podemos tomar en nuestras manos, es importante darse cuenta de que esta estación es mucho más que eso. Tiene que ver con la paz, el amor y el renacimiento de la esperanza. Se trata de que os haga ilusión el año que tenemos por delante y acojáis las posibilidades que acompañan el regreso de la luz. Ahora cada una de nosotras se acercará al árbol y escogerá una estrella. En esa estrella hay un deseo, una oración, un objetivo, una aspiración o, incluso, un mensaje de los dioses: un regalo totalmente diferente. Si, por casualidad, habéis escogido el que habéis escrito, podéis devolverlo y tomar otro o quedaros con él. Leed en voz alta la palabra o palabras de la estrella y luego volved a vuestro lugar en el círculo».

★ Cada persona se turna para escoger una estrella y leer lo que dice. Tal vez, al terminar, quieras guardar un momento de silencio para permitir que las personas reflexionen sobre sus mensajes. A continuación, la líder o alguna otra integrante dice: «Todas hemos recibido dos regalos: un regalo físico y un deseo para el futuro. Este círculo está rebosante de energía positiva y amor. Ojalá pudiéramos compartir la alegría que sentimos con todo el mundo. ¡Claro que para eso haría falta un círculo mucho más grande! En cambio, leeremos juntas este breve conjuro. En realidad, no es tanto un conjuro como una bendición y una oración. Así que dedicad un momento a apreciar lo que hemos vivido en este espacio sagrado, y luego recitaremos nuestra bendición juntas y la enviaremos al universo como nuestro regalo para los demás».

Bendice el día y bendice esta noche,
bendice la vuelta de la luz radiante.
Que todo el mundo sienta paz y alegría,
amor y salud incesante.
Que cada una reciba los regalos justos
y transmita su alegría con obras y discursos.
¡Aclamad todas el regreso de la luz!

★ Pasa los pasteles y la cerveza (opcional).

★ Pasa el bastón de la palabra (opcional). Puede que las integrantes quieran comentar si la palabra que les tocó en la estrella tiene o no algún significado especial para ellas. Es sorprendente la frecuencia con la que sí lo tiene.

★ Despide a los cuartos.

★ Da las gracias a la Diosa y al Dios.

★ Para abrir el círculo, la líder puede ir a la mesa y apagar la vela grande diciendo: «Esta vela se ha apagado, pero la luz que arroja permanece. Así se abre nuestro círculo, pero la alegría sigue con nosotros. El círculo está abierto pero nunca roto. ¡Feliz Yule!».

★ ¡Disfrutad del festín!

SECCIÓN 6

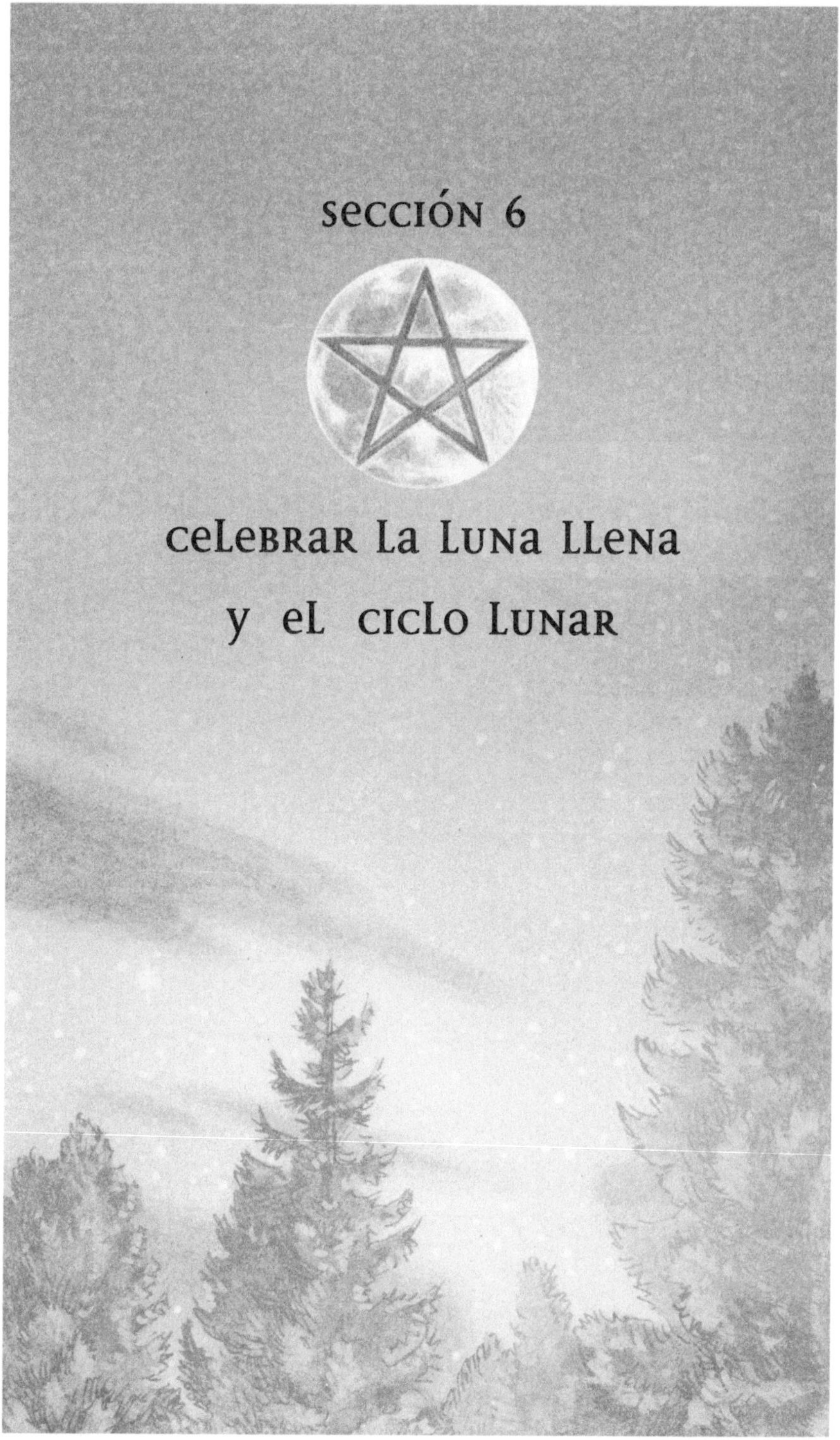

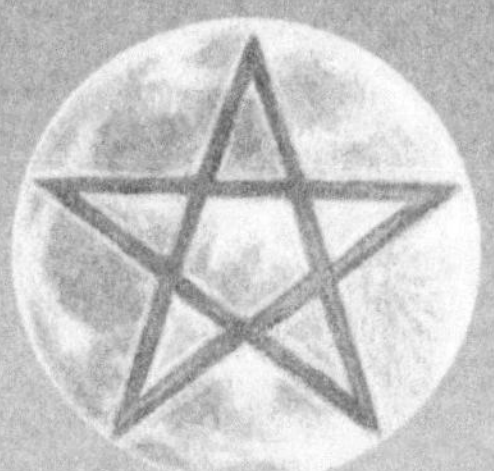

CELEBRAR LA LUNA LLENA Y EL CICLO LUNAR

La luna siempre ha tenido una gran importancia para quienes practican la brujería. Se la considera un símbolo de la Diosa, y sus fases crecientes y menguantes se relacionan con sus aspectos cambiantes de Doncella, Madre y Anciana. Muchos se conmueven ante la belleza y el esplendor de la luna, pero para las brujas es una noche sagrada llena de magia y poder.

Algunas brujas solo practican su magia las noches de luna llena. Otras utilizan las diferentes energías de la luna negra, la luna nueva o todo el ciclo lunar. Como sucede con todo lo relacionado con la brujería, no hay un camino correcto. Pero, en general, la luna menguante (después de la luna llena y hasta la luna nueva) se utiliza para la magia relacionada con disminuciones, o con aquello de lo que quieres deshacerte a medida que la luna se vuelve más pequeña. La luna creciente, cuando esta se vuelve más visible entre la luna nueva y la luna llena, se utiliza para los incrementos o aquello que se desea aumentar.

La luna negra, cuando la luna no es visible en absoluto, se utiliza a veces para hechizos de destierro, pero también es buena para las meditaciones, el trabajo interior, la purificación y la adivinación. Algunas brujas eligen no hacer ningún tipo de magia durante este período. La luna nueva, cuando aparece el primer rayo de luz, es ideal para los nuevos comienzos y para iniciar trabajos mágicos que durarán todo el mes.

La luna llena se considera el momento más poderoso del mes, y muchas brujas reservan sus trabajos mágicos más importantes para entonces. Aunque técnicamente la luna llena solo dura una noche, muchos practicantes de magia consideran que su energía está vigente dos días antes y dos días después de que aparezca, así que no entres en pánico si no te sale un hechizo justo esa noche. (Esta regla también se aplica a los sabbats, lo que es útil si tu grupo quiere reunirse pero no puede hacerlo un martes).

Si lo deseas, puedes cambiar la actividad que realizas durante la luna llena para mantenerla en sintonía con los cambios de estación. En la primavera, por ejemplo, utiliza flores que acaban de brotar como parte de tu ritual, y en el otoño haz un trabajo mágico de luna llena con una calabaza y sus semillas. Si eres una bruja habilidosa, la luna llena es el momento perfecto para hacer bolsas de amuletos, mezclas de plantas purificadoras para el baño o aceites mágicos, imbuyéndolos del poder de la luna y la Diosa que representa.

Si tu aquelarre solo se reúne una vez al mes, puede que desees hacerlo durante la luna llena si es posible. Es una noche especialmente favorable para las brujas, y es probable que sientas el aumento de la energía aún más si trabajas con un grupo.

Los siguientes son algunos rituales lunares sencillos que puedes realizar con un aquelarre de cualquier tamaño. Puedes hacer un ritual solemne completo si lo deseas (lanzando un círculo, llamando a los cuartos, y así sucesivamente) o puedes saltarte esos pasos y hacer directamente en el ritual si tu grupo lo prefiere así. Recuerda que para el trabajo mágico centrado en la Luna, solemos invocar solo a la Diosa, no al Dios. Esta es su noche y su magia.

Ritual de la luna llena 1:
—*celebración de la Diosa*—

Siempre que sea posible, los rituales de la luna llena se hacen al aire libre una vez que la luna haya salido y puedas verla en el cielo. Hay muchas cosas que pueden hacerlo difícil: la meteorología, la necesidad de privacidad, la falta de un espacio ritual adecuado al aire libre, o incluso la voracidad de los mosquitos devoradores de brujas. El Círculo de la Luna Azul está situado en el norte del estado de Nueva York, por lo que los rituales al aire libre rara vez tienen lugar en los meses de invierno y nos suele llover cuando hace más calor. Aun así, si puedes hacerlo, ve al aire libre porque estar fuera y mirar la luna es algo maravilloso.

Sin embargo, si no puedes estar fuera, simplemente usa tu imaginación. Te encuentres justo debajo de ella o no, la luna llena sigue ahí y su energía es igual de poderosa.

Materiales: Velas blancas (una para cada persona) en recipientes resistentes al fuego que no estén demasiado calientes para sujetarlos. Vela grande de la Diosa, blanca o plateada. Pétalos de flores como ofrenda a la Diosa (pétalos de rosa, lavanda o incluso cualquier flor que crezca en tu jardín). Plantas purificadoras o incienso. Cerillas.

Opcional: Copias del cántico. Pequeña mesa para utilizar como altar. Pasteles y cerveza.

Para organizar el ritual: Llevad todo el material afuera y colocaos bajo la luna formando un círculo. Cada persona debe tener una vela blanca y un cuenco o puñado de pétalos de flores. La vela de la Diosa puede estar sobre una mesa o en el suelo en el centro del círculo, junto con los pasteles y la cerveza opcionales.

Nota: La líder del aquelarre puede encargarse de todo en este ritual, o pueden participar varias integrantes. Pero si decides hacerlo de esta manera, asegúrate de que todas sepan lo que tienen que decir o hacer y en qué momento.

• • •

★ Pasa las plantas purificadoras o el incienso alrededor del círculo para limpiar y purificar, y como recordatorio de que estáis entrando en un espacio sagrado. Esto puede hacerse en silencio.

★ La líder dice: «Nos reunimos aquí en la noche de luna llena para adorar a la Diosa».

★ La líder (u otra) dice: «Nos reunimos como brujas para deleitarnos en el poder de la luna».

★ La líder (u otra) dice: «Nos reunimos con la intención de canalizar ese poder hacia nuestro interior, de modo que podamos emplearlo para impulsar nuestro trabajo mágico».

★ Todas: «Que así sea, y así es».

★ La líder (u otra) dice: «Encendemos esta vela para honrar a la Diosa, devolviéndole el reflejo de la luz de nuestro amor a la luz de la luna que es su símbolo». (Enciende la vela grande).

★ La líder (u otra) dice: «Estamos todas hechas a imagen de la Diosa. Somos sus hijas, sea cual sea nuestro aspecto exterior, y su luz brilla desde nuestro interior. Encendemos nuestras propias velas para honrarla a ella y a nosotras mismas y para conectar con el poder de la luna llena». (Cada persona enciende su propia vela. Podéis hacerlo juntas o dar la vuelta alrededor del círculo y hacerlo por turnos).

★ La líder empieza el cántico y todas se unen: «Yo soy la Diosa y la Diosa soy yo». (Repite todo el tiempo que considere oportuno, levantando las velas hacia el cielo).

★ Lanza pétalos de flores al cielo.

★ Dedica un momento a permanecer en silencio y absorber la energía. Luego apaga las velas o déjalas en el suelo para que ardan mientras pasas los pasteles y la cerveza (opcional). En ese caso, sopla las velas cuando hayas terminado.

★ La líder (u otra) dice: «Nuestro rito de la luna llena ha terminado. Buen encuentro a la luz de la luna hasta que volvamos a encontrarnos. Benditas seáis».

★ Todas: «¡Benditas seáis!».

Ritual de la luna llena 2:
—*el elemento del agua*—

Hay muchas formas de celebrar la luna llena si tienes que permanecer puertas adentro. Una de las cosas que puedes hacer es preparar agua mágica de luna llena, que puedes utilizar después en hechizos o rituales. Este ritual también se puede hacer al aire libre si tienes la suerte de poder hacerlo, pero no hace falta ver la luna para sentir su poder.

Materiales: Pequeños tarros o recipientes de vidrio con tapa (puedes utilizar sencillos tarros de conserva, pero si tienes algo más elegante, mejor). Si tu aquelarre tiene habilidad para las manualidades, puedes dedicar el comienzo del ritual a decorar los tarros con pintura para vidrio o cualquier otro material que te guste. Pequeños cristales de cuarzo, uno para cada persona (pueden traer los suyos de casa o la líder puede proporcionarlos; los cristales deben caber en los recipientes). Un cuenco pequeño de sal marina. Una jarra con agua suficiente para llenar, al menos, la mitad del recipiente. Plantas purificadoras o incienso. Cinta para atar alrededor de cada recipiente (el color plateado es bonito, pero sirve cualquier color, o puedes ofrecer varios tipos de recipientes y que la gente escoja el suyo). Cerillas. Una vela grande de la Diosa. Una mesa que sirva de altar y contenga todos los materiales de trabajo.

Opcional: Música de fondo, como tamborileo o cánticos. Dijes de plata (son ideales los que tienen forma de luna o los pentáculos, pero sirve cualquier dije plateado que no sea muy grande). Pasteles y cerveza. Velas para llamar a los cuartos. Pintura para vidrio, plantillas, pegatinas o cualquier otra cosa que pueda utilizarse para decorar los recipientes de vidrio. Notas para la bendición de la Diosa.

Para organizar el ritual: Coloca todos los materiales sobre la mesa y la vela de la Diosa en el medio. Si utilizas velas para llamar a los cuartos, pueden colocarse sobre la mesa en las direcciones correspondientes (este, sur, oeste y norte) o en los bordes del círculo. Si puedes, coloca las cosas donde la luna pueda iluminaros, pero si no es posible, no te preocupes.

● ● ●

★ Reuníos en un círculo alrededor de la mesa del altar. Pasa las plantas purificadoras o el incienso hacia la izquierda, tomándoos el tiempo necesario para que cada persona esparza el humo por su cuerpo, de la cabeza a los pies. (Si estáis en el interior, puede que las plantas purificadoras o el incienso provoquen demasiado humo y os resulte agobiante. Intenta no encender demasiada cantidad). La líder puede decir: «Con este humo sagrado nos purificamos y limpiamos para realizar el trabajo mágico, dejando atrás las preocupaciones de la vida cotidiana».

★ Lanza el círculo de mano en mano. La líder toma la mano de la persona que tiene a su izquierda y dice: «Lanzamos este círculo de mano en mano». Continúa alrededor del círculo hasta que todas estén tomadas de las manos y luego di: «El círculo está lanzado. Estamos entre los mundos, en el espacio sagrado».

★ Si lo deseas, llama a los cuartos, empezando por el este. Enciende velas para cada dirección, una a una. Utiliza una llamada a los cuartos que sea sencilla, como «Llamamos al este, el poder del aire, y te pedimos que te unas a nosotras en nuestro círculo». Repítelo para las cuatro direcciones.

★ Invoca a la Diosa. La líder o alguna otra integrante se acerca a la mesa y enciende la vela de la Diosa, diciendo: «Gran Señora de la Luz y la Belleza, haz brillar esa luz sobre nosotras en esta, tu noche de luna llena, y únete a nosotras en nuestro círculo sagrado mientras nos reunimos para celebrarte a ti y todo lo que es mágico».

★ Cada integrante toma un recipiente. Si estáis decorando vuestros recipientes de vidrio, podéis sentaros cómodamente y hacerlo ahora. Puede utilizarse cualquier símbolo relacionado con la luna o la Diosa, como imágenes mágicas o de la naturaleza. Cuando terminéis, todo el mundo debe levantarse.

★ La líder levanta la jarra de agua hacia el cielo y dice: «En esta noche de luna llena pedimos a la Diosa que bendiga esta agua y la colme de su poder para utilizarla en trabajos mágicos futuros. Que así sea». La jarra se pasa de una persona a otra alrededor del círculo y cada integrante la levanta y dice: «Bendice esta agua, ¡oh, Diosa!». Cuando vuelve al principio, todas dicen: «Esta agua está bendecida por la Diosa y la luna. Que así sea».

★ Cada integrante (empezando por la líder) se acerca a la mesa y vierte un poco de agua de la jarra en su recipiente individual. Luego espolvorea un poco de sal marina dentro y dice: «El agua salada representa el océano, cuyas mareas están dictadas por la fuerza gravitacional de la luna. El agua salada está en nuestra sangre y en nuestras lágrimas. Somos la luna y la magia». (Esto puede escribirse en un trozo de papel sobre la mesa o se le puede dar a cada persona para que lo lea si es demasiado largo para memorizar).

★ Cuando cada persona haya hecho esto y esté de vuelta en su sitio, todos irán a la mesa por turnos (de nuevo, empezando por la líder), dejando caer un cristal en su recipiente y poniéndole la tapa. Si utilizáis cinta, la ataréis alrededor de la parte superior del recipiente, por debajo del punto en el que se cierra (ya que tiene que ser posible abrir el recipiente en el futuro). Podéis utilizar un nudo sencillo o hacer nueve nudos, ya que es un número mágico. Cada persona dice: «Este cristal contiene la esencia de la tierra, de la

Diosa, de la luna y de la magia. También está bendecido. Y así he terminado de preparar mi agua mágica de luna y está lista para utilizarse en el futuro. Que así sea». Si utilizáis amuletos de plata, colocadlos ahora en la cinta. Volved a situaros en el círculo.

★ Cuando todas hayan terminado, la líder levanta su recipiente hacia el cielo y lo mismo hacen todas las demás. La líder dice: «Agradecemos a la Diosa por sus obsequios, por su poder y por su bendición; que así sea».

★ Todas: «Que así sea».

★ Comed los pasteles y bebed la cerveza (opcional).

★ Si llamaste a los cuartos, despídelos en el orden inverso al que los llamaste, empezando por el norte, diciendo: «Norte, poder de la tierra, te agradecemos tu presencia en nuestro círculo». (Apaga las velas soplándolas).

★ Da las gracias a la Diosa. La líder dice: «Gracias, Diosa, por tu presencia aquí, en este círculo, esta noche y siempre en nuestras vidas. Adiós y bendita seas». (Apaga la vela soplándola).

★ La líder dice: «El círculo está abierto pero nunca roto».

★ Todas: «¡Feliz encuentro, feliz partida y feliz reencuentro!».

Ritual de la luna llena:
—solo para dos personas—

Este ritual se hace mejor al aire libre y bajo la luz de la luna, pero si la meteorología, las limitaciones de espacio o la falta de privacidad lo impiden, se puede llevar a cabo en interior. Al fin y al cabo, la luna sigue ahí arriba. Aunque los rituales de la luna llena son maravillosos cuando el orbe brillante ha aparecido en el cielo, la sabiduría popular dice que cualquier ritual puede hacerse dos días antes o después de la fecha, por lo que si tenéis que reuniros a las siete y la luna no sale hasta las nueve, la energía de vuestro trabajo mágico no se verá afectada en absoluto.

Los rituales de la luna llena suelen centrarse en la Diosa, ya que los ciclos lunares están relacionados con ella (los sabbats suelen incluir tanto a la Diosa como al Dios). Este es un ritual sencillo para conectar con la Diosa, con la naturaleza y entre vosotras.

Materiales: Una vela blanca para cada persona (puede ser una vela votiva o pequeña) y una vela más grande para representar a la Diosa (blanca, plateada o de cera de abeja natural, que siempre puede sustituir cualquier color). Plantas purificadoras o incienso. Sal y agua en dos pequeños cuencos o ya mezclados en uno. Una mesa que sirva de altar. Cerillas.

Opcional: Tambores, sonajeros, cánticos o música tranquila de fondo. Comida y bebida para el momento de los pasteles y la cerveza.

• • •

★ Sentaos o poneos de pie una frente a la otra, con vuestros materiales dispuestos sobre un altar o una mesa entre vosotras. Encended las plantas purificadoras o el incienso y turnaos para espaciros el humo la una sobre la otra, de los pies a la cabeza, concentrándoos en purificar y deshaceros del estrés o negatividad de la vida cotidiana. Si queréis, podéis decir: «Con este humo sagrado, te despejo y purifico para prepararte para el trabajo mágico».

★ Mezclad la sal y el agua si aún no lo habéis hecho y ungíos en los puntos de la frente, el corazón y el vientre. (Si os sentís muy cómodas con la otra persona, podéis hacerlo la una por la otra). Mientras lo hacéis, decid: «Con sal y agua, aclaro y despejo mi (tu) mente, corazón y espíritu como preparación para el trabajo mágico».

★ Dedicad un momento a centraros, sintiendo la tierra abajo y el cielo arriba. Si podéis ver la luna, contempladla y sopladle un beso. A continuación, haced algo con vuestra pareja mágica para aumentar la energía: puede ser tamborilear, sacudir sonajeros o repetir un cántico sencillo (uno de mis favoritos es «Fuego soy yo, agua soy yo, tierra y aire y espíritu soy yo»). Para algo aún más sencillo, podéis unir las manos y tararear juntas.

★ Cuando consideréis que es el momento adecuado, encended vuestras velas individuales. Decid: «Me uno a la luna. Me uno a la Diosa. Soy magia y espíritu». Luego encended juntas la vela de la Diosa con las mechas de vuestras propias velas. Tomaos todo el tiempo que queráis para disfrutar de la sensación de estar en ese espacio de luna llena.

★ Cuando estéis listas, agradeced a la Diosa su presencia y apagad o soplad vuestras velas individuales. Si no hay peligro, podéis dejar la vela de la Diosa encendida. Si queréis compartid pasteles y cerveza de algún tipo. Luego una o ambas podéis decir: «Nuestro rito ha terminado. Estamos de vuelta en el mundo».

Ritual de la luna negra:
—despejar y limpiar para abrir el camino—

Una buena manera de maximizar el potencial mágico del ciclo lunar es practicar en otros momentos que no sean el de la luna llena. Puede que sientas la energía de un modo diferente según el día y el punto del ciclo en el que te encuentres. En mi experiencia, la luna llena puede ser intensa, mientras que la luna negra es más sutil.

Al Círculo de la Luna Azul le gusta aprovechar las lunas negras o las lunas nuevas para trabajos mágicos que nos ayuden con nuevos comienzos o avances positivos. A veces es un hechizo para aumentar la prosperidad o mejorar temas de salud. A veces hacemos un ejercicio de purificación y limpieza para eliminar aquello que pueda estar bloqueando nuestros intentos por alcanzar nuestras metas.

La magia de limpieza y purificación es bastante sencilla y fácil de hacer. Si pudiste preparar agua de luna llena (como se describe en el ritual anterior), ahora sería un buen momento para utilizarla. Si no, puedes bendecir y consagrar otra agua durante este ritual.

Materiales: Un cuenco de agua. Un pequeño cuenco de sal marina. Plantas purificadoras o algún incienso purificador (romero, salvia o limón sirven). Trozos de papel y bolígrafos. Velas votivas de color blanco o celeste en recipientes resistentes al fuego o en platos pequeños (suficientes para todas). Una vela grande blanca o plateada para la Diosa. Una mesa que haga las veces de altar. Cerillas.

Opcional: Tambores o grabación de música de tambores. Cuatro velas para llamar a los cuartos (amarilla, roja, azul y verde o todas blancas). Una toalla para secar las manos húmedas. Pasteles y cerveza.

Para organizar el ritual: Coloca todo sobre la mesa del altar en medio del círculo. Si utilizas velas para llamar a los cuartos, pueden colocarse en la mesa, en la dirección correspondiente (este, sur, oeste y norte) o en los bordes del círculo.

● ● ●

★ Pasa plantas purificadoras o incienso alrededor del círculo, yendo hacia la izquierda. Podéis hacer esto en silencio o la líder puede decir: «Con este humo sagrado, limpiamos nuestros cuerpos y espíritus para prepararnos para el trabajo mágico que haremos esta noche».

★ Lanza el círculo pidiendo a la líder que tome la mano de la persona que tiene a su izquierda mientras dice: «Lanzamos este círculo de mano en mano». Continúa alrededor del círculo hasta que todas estén tomadas de la mano y luego di: «El círculo está lanzado. Estamos entre los mundos en el espacio sagrado».

★ Si quieres, llama a los cuartos, empezando por el este. Enciende velas para cada dirección por turno y utiliza un llamado sencillo a los cuartos, como el siguiente: «Llamamos al este, el poder del aire, y te pedimos que te unas a nuestro círculo». Repítelo con las cuatro direcciones.

★ Invoca a la Diosa. La líder u otra integrante dice: «Gran Diosa, te llamamos para que te unas a nosotros en nuestro círculo. Bienvenida y bendita seas». Enciende la vela grande.

★ La líder dice: «Esta noche hay luna nueva. Es un tiempo para nuevos comienzos y para preparar el terreno que nos permita avanzar en los próximos días. Pero puede ser difícil avanzar cuando hay obstáculos en nuestro camino que nos lo impiden. Algunas veces provienen del exterior, pero muchas veces vienen del interior. Viejos hábitos que no podemos dejar, miedo, patrones autolimitantes de los que ni siquiera somos conscientes; todo ello puede interponerse en nuestro camino para conseguir lo que es importante para nosotros. Esta noche haremos una purificación y limpieza mágicas, eliminando todo lo negativo que pueda impedirnos alcanzar el crecimiento y éxito».

★ Reparte papel y bolígrafos. «Tomaos un momento para pensar en las cosas que sabéis que se interponen en el camino de aquello que queréis conseguir, ya sea que provengan de fuera o de dentro. Visualizadlas con claridad y luego escribidlas en vuestro papel. Tomaos todo el tiempo que necesitéis». Todas escriben. Si estás usando música grabada, puedes ponerla ahora. Si va a ser en directo, las integrantes pueden levantar sus tambores cuando terminen de escribir y proporcionar ritmo de fondo para quienes siguen pensando.

★ Cuando todos hayan terminado de escribir, los tambores deben detenerse (se puede dejar la música grabada). Reparte las velas votivas en sus recipientes o en platos, pero no las enciendas todavía.

★ La líder u otra integrante dice: «Ahora que hemos identificado algunos de los problemas que se interponen en nuestro camino, nos purificaremos con agua sagrada y los eliminaremos». (Si estás utilizando agua de luna llena ya bendecida, puedes saltarte este paso). Levanta el cuenco de agua. «Pedimos a la Diosa que bendiga y consagre esta agua para darle un uso mágico, de modo que pueda atraer el poder de la luna para ayudarnos en nuestro trabajo». Vuelve a colocar el agua en el borde de la mesa del altar. «Cada una de nosotras se acercará al altar por turnos y sumergirá los dedos en el agua, permitiendo que extraiga todo lo que ya no nos beneficie. Luego nos ungiremos el tercer ojo (en medio de la frente), los labios, el corazón y el vientre. Cuando terminéis, volved a vuestro lugar en el círculo y sentid cómo os volvéis cada vez más ligeras».

★ Cada persona se turna para hacerlo. Cuando todas hayan terminado, la líder u otra integrante dice: «Ha llegado el momento del último paso de nuestro ritual de la luna nueva. Encended la vela que tenéis delante y ponedla encima de la lista que habéis escrito antes. Esto simboliza vuestra voluntad de dejar ir esos problemas. Si queréis podéis llevaros la lista a casa y quemarla con prudencia más tarde».

★ Todas encienden sus velas. La líder dice: «Repetid después de mí: "Nos liberamos de todo lo que nos retiene"». Todas lo repiten. «Estamos limpias y purificadas, listas para avanzar sin negatividad ni temor». Todas lo repiten. «El poder de la Diosa y la Luna permanecen dentro de nosotras, ahora y siempre». Todas lo repiten.

★ Si se toca el tambor, dedica unos minutos a hacerlo. De lo contrario, dedícalos al silencio y luego sopla las velas individuales. Apaga la música grabada si la has utilizado.

★ Reparte pasteles y cerveza (opcional).

★ Si has llamado a los cuartos, despídelos con un sencillo agradecimiento. Apaga las velas de los cuartos.

★ La líder dice: «Gran Diosa, te damos las gracias por tu presencia en nuestro círculo, tu ayuda e inspiración, y

todos los dones que nos otorgas. Adiós y bendita seas».
Sopla la vela de la Diosa para apagarla.

★ Todas unen sus manos y dicen: «El círculo está abierto pero nunca roto».

★ Suelta las manos.

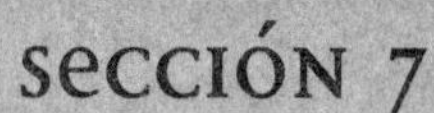

eL aqueLarre HaBILIDOSO

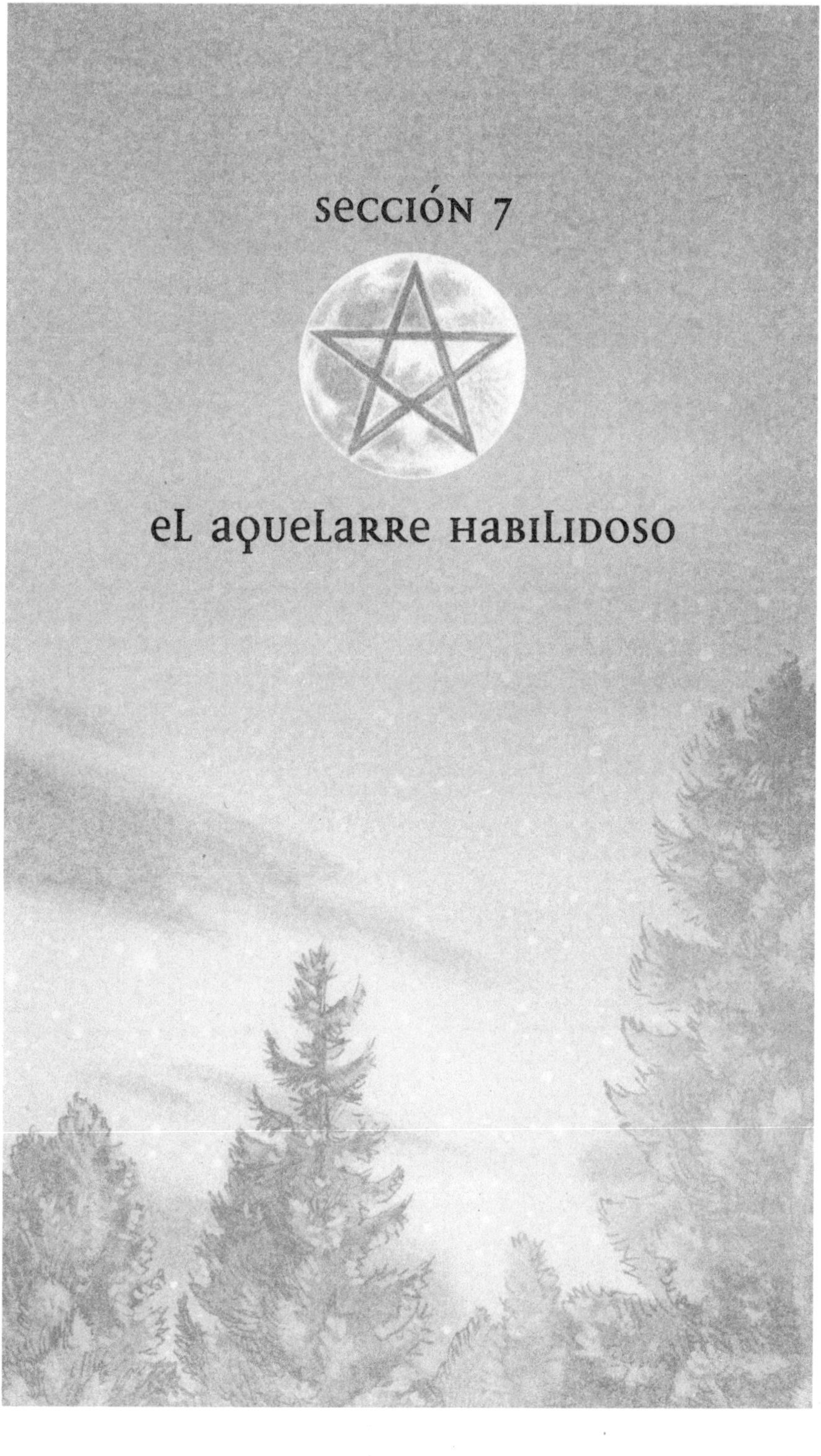

No todas las brujas disfrutan creando sus propias herramientas o confeccionando juntas objetos mágicos, pero no importa. No todas las brujas son artistas, y hay muchas tiendas que venden objetos paganos que ya están acabados y son muy bonitos. Pero si te gusta crear bolsas de amuletos, monigotes, piedras rúnicas y otros objetos, aquí encontrarás algunas ideas para proyectos de manualidades mágicas que puedes hacer en grupo, con o sin ritual.

Crear tus propios materiales mágicos tiene algunas ventajas. Por un lado, es entretenido y una forma estupenda de estrechar lazos como grupo. Pero, sobre todo, cuando fabricas algo a mano, pones en ello tu propia energía (tu concentración e intención) y eso puede darle a lo que estés creando mucho más poder cuando lo utilices. Además, ¿te he dicho que es divertido?

El Círculo de la Luna Azul ha realizado muchas manualidades mágicas en grupo a lo largo de los años. Hemos hecho magia con nudos, hilado (dos de nosotras teníamos ruecas y, además, había un par de husos), confeccionado y cosido monigotes de maíz, y fabricado aceites mágicos. Durante un tiempo, una de las integrantes del grupo fue alfarera, y utilizábamos su arcilla y horno para fabricar nuestras propias piedras rúnicas. Decoramos un báculo y lo dedicamos.

Incluso hicimos nuestras propias velas mágicas en mi cocina. Se puede decir que somos un grupo al que le gustan las manualidades.

Sin embargo, no se necesita ningún talento o habilidad especial para hacer la mayoría de las manualidades mágicas; estas suelen ser sencillas por falta de tiempo y la naturaleza misma de la brujería. Incluso si no te consideras una persona especialmente creativa, vale la pena intentar algunos proyectos como aquelarre.

Una vez que hayas terminado de confeccionar lo que sea que estás haciendo, tal vez quieras bendecirlo y consagrarlo para un trabajo mágico positivo. Obviamente, ya has puesto un montón de buena energía en lo que sea que hayas hecho, pero este paso lo hace oficial, por así decirlo. El mismo hechizo básico se puede utilizar para casi todo lo que hagas en el círculo (o por tu cuenta), y añade un poco más de poder.

Una bendición general y un hechizo de consagración

Este paso se hace, normalmente, antes de utilizar el objeto ya acabado. Si estás fabricando algo que se utilizará más tarde en el ritual para el que fue creado, puedes hacer la bendición y consagración como parte de la secuencia del ritual o saltártela si lo prefieres.

No hay una forma correcta de hacerlo. Este ejemplo concreto es el proceso por el que el Círculo de la Luna Azul suele bendecir y consagrar objetos, pero hay muchas otras modalidades, y debes hacer lo que a ti te vaya mejor. Algunas personas utilizan una gota de su propia sangre. Otras prefieren dejar sus nuevas herramientas fuera, bajo la luna llena. Puedes hacer cualquiera de estas cosas o combinarlas. A continuación se expone el método más sencillo. Cada persona puede crear su propia herramienta por separado o en conjunto, o podéis turnaros para bendecir todos los objetos (por ejemplo, una integrante invoca la bendición del aire para todas).

Materiales: Algo que represente cada uno de los cuatro elementos, que suele ser una vela para el fuego, plantas purificadoras o incienso para el aire (por el humo, aunque también se puede utilizar una pluma), sal para la tierra (o una piedra, cristal o arena) y, obviamente, agua para el agua. Algo para representar a la Diosa o tanto a la Diosa como al Dios, como una vela o una figura, aunque también puedes invocarlos simplemente si lo prefieres. Algunas personas utilizan las plantas purificadoras o el incienso para representar tanto el fuego como el aire, y mezclan sal y agua para representar la tierra y el agua.

Opcional: Mesa de altar o mantel.

● ● ●

★ Coloca el objeto mágico recién creado (o recién comprado o regalado) sobre una mesa de altar o un mantel, o sujétalo con la mano.

★ Di: «Bendigo este _________ con el poder del aire». Esparce las plantas purificadoras o el incienso encima del objeto, u ondea la pluma si utilizas una. En lugar de ello, también puedes soplar suavemente sobre el objeto.

★ Di: «Bendigo este _________ con el poder del agua». Rocía unas gotas de agua sobre el objeto con la punta de los dedos. Ten cuidado si es algo que podría dañarse con demasiada agua. También puedes humedecer simplemente la punta de un dedo con tu propia saliva o una lágrima.

★ Di: «Bendigo este ________ con el poder de la tierra». Espolvorea un poco de sal sobre el objeto, o un poco de arena, o pasa un cristal por encima, tal vez deteniéndote para apoyarlo suavemente durante un minuto.

★ Di: «Bendigo este ________ con el poder del fuego». Pasa una vela encendida sobre el objeto con cuidado. Si estás en el exterior y has encendido una hoguera, puedes acercar el objeto a las llamas (con más cuidado aún). Si lo haces fuera durante el día, la luz del sol puede reemplazar una llama real.

★ Di: «Pido a la Diosa y al Dios que bendigan este ________, y me comprometo a utilizarlo bien». Si estás utilizando velas para representar a los dioses, levanta el objeto y pásalo con cuidado por encima de ellas. Si no, simplemente puedes elevar el objeto hacia el cielo.

★ Di: «Este _______ ha sido bendecido y consagrado para un trabajo mágico positivo. Que me preste el servicio adecuado a partir de hoy y en adelante. Que así sea».

Notas generales sobre los rituales y sugerencias para crear manualidades en un espacio sagrado

Existen varias maneras diferentes de hacer manualidades en el espacio sagrado, y puedes escoger una u otra siempre que hagas este tipo de trabajo o decidir lo que te parezca mejor.

La primera modalidad consiste en realizar el trabajo artesanal en el marco de un ritual solemne completo: lanzar el círculo, llamar a los cuartos, invocar a la Diosa (o al Dios) y demás. La otra alternativa es simplificar las cosas y limitarse a lanzar el círculo (o hacer lo que sea que hagas para establecer que estás en un espacio sagrado: en el caso del Círculo de la Luna Azul, tras muchos años de práctica, esto puede ser tan básico como pasarnos la varita de salvia de mano en mano y concentrarnos en estar juntas en círculo). Si no vais a llevar a cabo un gran hechizo, no sería necesario que siguieras todos los pasos del ritual. Sin embargo, si a ti y a tu aquelarre os ayuda a concentraros y a sentir que vuestro trabajo, sea cual sea, es más poderoso y mágico, no dudéis en hacerlo.

Puedes intentarlo de una manera, y si no parece correcto, inténtalo de la otra. En mi experiencia, la mayoría de los proyectos de manualidades mágicas son divertidos y creativos, y aunque canalizas energía mágica en tu trabajo, no es necesario un ritual solemne para conseguir tus objetivos. Esta es una decisión que podéis discutir como aquelarre. Solo recuerda disfrutar del proceso, sea cual sea la modalidad que adoptéis.

En los proyectos que siguen, dejaré de lado los aspectos más ceremoniales. Siéntete con la libertad de utilizarlos, siguiendo los ejemplos anteriores del libro, si así lo deseas, o cualquier variación que te parezca adecuada. A diferencia de muchos rituales donde es mejor mantener la charla al mínimo, durante los círculos de manualidades podéis decidir si queréis trabajar en silencio o hablar de lo que estáis haciendo.

Velas mágicas

Las velas son unas de las herramientas más fáciles y utilizadas. Cuando hago mis hechizos en solitario, suelo encender una vela y hablarle a los dioses o recitar el conjuro que me parece más adecuado para ese momento. Tienen la ventaja añadida de ser inocuas: al fin y al cabo, mucha gente que no es bruja tiene velas en su casa. Nada que sospechar.

Pero, desde el punto de vista de la magia, hay formas de subir una vela de nivel. Si quieres convertirlo en algo realmente serio, puedes fabricar tus propias velas. No es difícil, siempre y cuando tengas los materiales adecuados, y el Círculo de la Luna Azul solía hacer sus propias velas mágicas desde cero, derritiendo la cera en mi cocina, añadiendo ciertos aceites esenciales, los colores que queríamos y demás. Si te apetece, puede ser muy divertido, y puedes imbuir una sorprendente cantidad de poder en cualquier objeto que crees desde el principio. Es engorroso, y si alguien de tu grupo no tiene ya el material adecuado (yo lo tenía en aquel momento), también puede ser costoso.

La segunda mejor opción es tomar una vela ya terminada y convertirla en un artefacto mágico, añadiéndole tus propios toques personales. Esto es muy fácil y puede hacerse como parte de un ritual más amplio (por ejemplo, el de la prosperidad) o como una manualidad en sí misma. Una vez que hayas terminado de crear tus velas, tal vez quieras bendecirlas y consagrarlas para futuros trabajos mágicos, utilizando el ritual anterior.

Materiales: Velas (pueden ser velitas o velas votivas del color que escojas, aunque debes recordar que los símbolos tallados sobre cera blanca pueden ser difíciles de ver). Palillos de dientes u otra herramienta para tallar (se puede utilizar un athame con cuidado o cualquier otro objeto puntiagudo). Aceites esenciales o aceites mágicos ya creados o comprados (los aceites que se utilicen variarán dependiendo del uso que se le quiera dar a las velas o de si las estás elaborando o no para un objetivo concreto).

Opcional: Cintas de colores para atar alrededor de la base de las velas (por ejemplo, verde para la prosperidad, rosa para el amor, azul para la sanación, etc.). Plantas purificadoras por las cuales pasar las velas (de nuevo, estas variarán en función de la finalidad, y quizá quieras utilizar una pequeña cantidad o solo colocarlas en el borde inferior de la vela, ya que pueden ser inflamables). Pegamento blanco o un encendedor. Platos de cartón o papel encerado. Impresos que expliquen las runas u otros símbolos si la gente no está familiarizada con los que vas a utilizar.

Si vas a ungir las velas con aceites esenciales (en lugar de los aceites mágicos que ya vienen preparados con un objetivo concreto, como sanar o proteger), aquí tienes algunas instrucciones sencillas que puedes seguir. Si utilizas aceites esenciales, lo mejor es ponerlos dentro de algún tipo de aceite portador, como el de almendras, coco u oliva, para diluirlos. Si quieres hacer una vela para un uso más general, elige los aceites que te parezcan más potentes y que tengan un olor agradable al mezclarlos, y utilízalos. También puedes utilizar esta lista para las plantas aromáticas secas. Como verás en la siguiente lista de plantas de uso habitual, muchas de ellas tienen varios usos. Si no estás segura de cómo utilizarás la vela más adelante, deberías escoger un par de las plantas que tengan múltiples usos.

- **Curaciones:** Manzanilla, lavanda, eucalipto, eneldo, geranio, melisa, menta, rosa, romero, tomillo.

- **Amor:** Rosa, lavanda, manzanilla, albahaca, canela, clavo, geranio, limón, melisa, tomillo.

- **Prosperidad:** Albahaca, canela, clavo, eneldo, jengibre, pachulí, menta, sándalo.

- **Protección:** Albahaca, manzanilla, eneldo, canela, eucalipto, geranio, ajo, perejil, enebro, rosa, romero, salvia.

Coloca todos los materiales sobre una mesa y ponte cómoda. No necesitas utilizar una mesa de altar si no estás haciendo esto en un espacio ritual solemne, y a veces puede ser más fácil sentarse simplemente en una mesa de cocina o de comedor, aunque el Círculo de la Luna Azul suele utilizar nuestra mesa de altar porque es redonda.

· · ·

★ Si vas a lanzar un círculo, llamar a los cuartos y todo lo demás, hazlo ahora.

★ Cada integrante del aquelarre debe tomar una vela y una herramienta para tallar si no ha traído las suyas. Podéis decidir como grupo fabricar todas las velas con un mismo objetivo o cada una puede fabricar su propio tipo de vela para satisfacer sus necesidades individuales.

★ Empieza tallando runas u otros símbolos en un lado de la vela con el palillo u otra herramienta. Concéntrate en tu intención y pon toda tu energía en la vela mientras trabajas. No tienes por qué tallar runas; puedes grabar tus iniciales, tu nombre mágico si lo tienes, cualquier símbolo relacionado con la magia (como un pentáculo, un sol o una luna creciente, entre otros) o símbolos relacionados con el objetivo de tu vela (como el símbolo del dólar para la prosperidad, una vara de Esculapio para la curación, una serpiente para la transformación o cualquier otro símbolo que te parezca adecuado).

★ Ahora puedes ungir las velas con cualquiera de los aceites que estés utilizando. Para ello, ponte una gota de aceite en la yema del dedo y frótala sobre la vela de abajo hacia arriba. Ten cuidado con que el aceite no toque la mecha, ya que muchos aceites son inflamables.

★ Si utilizas plantas aromáticas secas, puedes colocar un poco de pegamento blanco sobre la vela o utilizar un encendedor o cerillas para ablandar ligeramente la cera de modo que las plantas se adhieran. Recuerda que la idea no es derretir la vela. Luego coloca las plantas en un plato de cartón o un trozo de papel y gira la vela encima hasta que tengas la cantidad de plantas que quieras adheridas a los lados.

★ Si quieres, termina atando una cinta alrededor de la base de la vela. Para darle un toque mágico más, ata la cinta haciendo nueve nudos, ya que el nueve es un número mágico sagrado.

★ Bendice y conságrala si lo deseas.

Monigotes

Los monigotes son una forma de magia empática que se ha utilizado en muchas culturas de todo el mundo. Básicamente, son un muñeco con forma humana (por lo general, una figura muy sencilla con dos piernas, dos brazos y una cabeza) que se decora para reflejar a la persona a la que se supone que representa. Aunque pueden fabricarse de cualquier material, la arcilla o tela son los materiales más utilizados.

Si bien es posible lanzar hechizos sobre un monigote que representa a otra persona, la mayoría de las brujas modernas prefieren hacerse a sí mismas, ya que así no interfieren en el libre albedrío. La única excepción es el ejercicio de sanación que se hace con el permiso de otra persona.

Los monigotes de tela son fáciles de confeccionar y suelen estar fabricados de materiales que la mayoría de nosotras tenemos en casa. También tienen un aspecto bastante inocuo, y puedes colocar dentro un trozo de papel en el que hayas escrito tu objetivo mágico o cualquiera que sea el hechizo que estés utilizando. Si quieres reutilizar tu monigote, puedes incluso descoser algunas puntadas y sustituir tu antiguo objetivo por otro nuevo.

Materiales: Un trozo de tela (los tejidos naturales como el algodón son los mejores, y quizá prefieras los colores claros, sobre los que es más fácil dibujar). La tela debe ser el doble de larga que de ancho, por lo que puedes utilizar un trozo de 10 cm de ancho por 20 cm de largo, aunque puedes confeccionar el muñeco tan grande o pequeño como quieras. Hilo. Aguja. Tijeras. Algo para rellenar el muñeco (bolitas de algodón, pañuelos desechables o relleno de almohada, entre otros). Rotuladores. Pequeño trozo de papel. Bolígrafo.

Opcional: Lana para el pelo. Plantas aromáticas para poner dentro. Cuentas o cualquier otro elemento decorativo.

● ● ●

★ Dobla la tela de modo que quede una pieza cuadrada con el pliegue en la parte superior, donde estará la cabeza. Puedes cortar todo el contorno del muñeco, pero si dejas el pliegue en la parte superior, habrá que coser menos. Dibuja tu figura en la tela con un rotulador y recorta tu muñeco.

★ A continuación, empieza a coserla. Si has dejado el pliegue en la cabeza, empieza por uno de los lados donde la tela está cortada; de lo contrario, puedes empezar por cualquier sitio. No olvides dejar una abertura lo bastante grande para introducir el relleno. No te preocupes si no eres la costurera más diestra del mundo. No se trata de hacer una obra de arte; es magia. Con cada puntada que des, concéntrate en el propósito de tu monigote y a quién representa.

★ Cuando casi hayas terminado de coserla, mete el relleno dentro. También puedes rellenarla sobre la marcha. Si quieres utilizar plantas aromáticas, añádelas en este momento para potenciar tu trabajo. (Por ejemplo, si estás confeccionando un monigote para la sanación, podrías añadir caléndula y lavanda secas).

★ A continuación, toma el trozo de papel y el bolígrafo y escribe tu objetivo mágico (prosperidad, sanación, concentración y atención, buen sueño, lo que sea) o cualquier hechizo que hayas escogido. Méttelo dentro y termina de coser el muñeco.

★ Decora el monigote a tu gusto. Dibuja los ojos, la nariz y la boca. Puedes utilizar lana para el pelo o dibujarlo. Puedes añadir diseños con cuentas cosidas. Por ejemplo, si estás haciendo magia de amor, puedes coser cuentas en forma de corazón sobre el pecho del monigote. Si estás haciendo magia sanadora, puedes colocar cuentas en cualquier zona que necesite una atención especial. Si el muñeco te representa a ti, añade cualquier cosa que creas que lo haga más personal.

★ Cuando hayas terminado, puedes bendecirla y consagrarla. Ponla en un lugar seguro: tu altar, debajo de la almohada, en un cajón o en una caja. Si has fabricado un muñeco muy pequeño, incluso puedes llevarla en una bolsita colgada del cuello. Cuando hayas terminado, desármala con cuidado y respeto, y agradécele el trabajo que haya hecho por ti.

Libros de las Sombras

Podría decirse que soy una especie de experta en los Libros de las Sombras. Al fin y al cabo, escribí un libro titulado literalmente *The Eclectic Witch's Book of Shadows: Witchy Wisdom at Your Fingertips* («El Libro de las Sombras de la bruja ecléctica:

sabiduría mágica a tu alcance»). Pero, en realidad, no hace falta saber mucho para crear uno para ti o para tu aquelarre.

«Libro de las Sombras» es el nombre moderno (inventado probablemente por Gerald Gardner en la década de 1940) para un grimorio o libro de magia. No hay instrucciones concretas para crear uno, ya que el libro de cada bruja es diferente. Los aquelarres wiccanos solían tener un Libro de las Sombras que pertenecía al aquelarre, y a los que se unían se les permitía copiar la información que contenía siempre y cuando se comprometieran a mantenerla en secreto.

Un Libro de las Sombras es, básicamente, un soporte donde escribir tus conocimientos mágicos, así como cualquier otra información que consideres importante para tu actividad mágica. Para un individuo, esto puede incluir información sobre piedras, plantas aromáticas, adivinación, un registro de sueños significativos, mensajes de los dioses e incluso recetas. En el caso de un aquelarre, es más probable que sea una recopilación del trabajo que hayáis hecho juntas.

El Círculo de la Luna Azul empezó un Libro de las Sombras para el grupo cuando lo iniciamos. Incluía el hechizo que usamos para bendecir el libro, las firmas de todas las que pertenecían a él en aquel momento, y una copia de la «Carga de la Diosa» (un famoso texto wiccano que suele recitarse la noche de luna llena). A lo largo de los años de nuestra actividad, hemos añadido todos los hechizos y rituales que hemos compartido, cualquier información que hayamos discutido durante los rituales (como las piedras y plantas antes mencionadas), e incluso fotos del grupo cuando nos reuníamos.

Para nosotras, no es solo una herramienta mágica, sino un registro de nuestro viaje juntas como aquelarre, por lo que tiene un valor incalculable. Si decides crear un Libro de las Sombras para tu propio aquelarre, hay algunos puntos que debes tener en cuenta antes de empezar:

- ¿Qué tipo de libro queréis? ¿Grande o pequeño? ¿Prediseñado o hecho a mano?

- ¿Qué queréis poner en él? ¿Información mágica que la gente ha reunido? ¿Solo aquellas actividades realizadas juntas como grupo? ¿Rituales y hechizos?

- ¿Quién se queda con el libro? ¿Permanece en casa de una persona o se traslada de un lugar a otro?

- ¿Está permitido que las integrantes compartan la información que contiene con otros o es un secreto?

Una vez aclarados los detalles, es bastante sencillo crear un Libro de las Sombras que sea perfecto para tu propio aquelarre. Las instrucciones que siguen son solo un modo de hacerlo, y puedes cambiarlas para adaptarlas a las necesidades y al estilo del grupo. Se pueden encontrar libros en blanco en la mayoría de tiendas paganas, algunas librerías y en Internet. Si tienes un grupo con dotes artísticas, puedes comprar uno con la portada en blanco y decorarlo vosotras mismas; si no, puedes comprar uno que tenga una portada con motivos brujeriles. El que utiliza el Círculo de la Luna Azul es un gran libro negro con un pentáculo dorado en la portada.

Materiales: Libro grande en blanco. Rotuladores (los hay que imitan la caligrafía y es ideal para aquellos que quieran una letra elegante sin tener que aprender dicha técnica). Cada integrante debe aportar algo al libro que considere significativo o importante: un poema, información mágica, sabiduría de brujas que encontraron en su libro favorito; todo ello puede escribirse a mano o imprimirse en papel. Cinta adhesiva transparente o pegamento. Materiales para bendecir y consagrar el libro, como se ha indicado en esta sección: algo que represente a cada uno de los cuatro elementos, normalmente una vela para el fuego; plantas purificadoras, incienso o una pluma para el aire; sal para la tierra (o una roca, cristal o arena), y un cuenco con agua para el agua. Una vela para la Diosa y una para el Dios si se utiliza.

Opcional: Un mantel para colocar el libro encima mientras lo bendices y para envolverlo después si lo deseas. Complementos artísticos si vas a decorar el libro, como pintura, bolígrafos, rotuladores de colores, purpurina y pegamento, rotuladores con brillo, pegatinas, sellos, etc.

• • •

★ Coloca los materiales sobre una mesa o una tela en el suelo alrededor de la cual podáis reuniros cómodamente.

★ En el interior del libro, cada una puede escribir su nombre (nombre completo, nombre de pila o nombre mágico si lo tiene). Utiliza un rotulador o rotuladores de distintos colores para cada persona y tu mejor letra. Si quieres, puedes añadir la fecha.

★ Cada persona debe explicar cuál es su contribución al libro y por qué es importante. Después puede pegarla con cinta o pegamento en una de las páginas en blanco (o copiarla a mano si tiene buena caligrafía). Quizá prefiráis examinarlas todas antes y luego decidir si hay un orden en particular en el que queráis que vayan en el libro.

★ Si vas a decorar el exterior del libro (o el interior de la portada o la contraportada), pasad el libro alrededor de la mesa, turnándoos para que cada persona pueda añadir su toque personal. Si es necesario, el libro puede dar más de una vuelta.

★ Cuando el libro esté completo, bendícelo y conságralo, y dedícalo al trabajo mágico positivo. Si lo deseas, puedes utilizar esta bendición que el Círculo de la Luna Azul puso dentro de nuestro propio libro y que estaba impreso en *The Eclectic Witch's Book of Shadows* («El Libro de las Sombras de la bruja ecléctica»). Recitadla juntas con las manos colocadas encima del libro.

Bendice este libro
en nombre del Dios y de la Diosa,
que guían mis pasos por el Sendero de la Belleza.
Que sus páginas se llenen de sabiduría y
conocimiento.
Permíteme utilizarlo solo para el bien,
y compartirlo con quienes lo necesiten también.
Que me ayude a crecer en mi arte
y en mi vida.
¡Que así sea!

Crear un báculo grupal

Crear un báculo grupal es muy parecido a crear un Libro de las Sombras grupal o cualquier otra herramienta de un aquelarre. Cada persona debe contribuir con algo que tenga significado para ella y participar en la decoración del báculo; simplemente, se emplean adornos diferentes. El báculo en sí puede obtenerse de varias maneras. Puedes comprar uno, por supuesto, o utilizar el que una integrante del aquelarre ya tenga. O puedes buscar en los bosques cercanos (si tienes la suerte de vivir cerca de uno) para dar con el leño perfecto. Debe tener una altura que llegue a los hombros (entre 1,30 m y 1,50 m, aunque no existe una altura «correcta») y ser resistente, sin ser tan pesado que impida pasarlo alrededor de un círculo ritual. Tengo muchos árboles en mi propiedad, así que pude encontrar una rama perfecta con gran facilidad.

Pide con antelación a los asistentes que traigan uno o varios objetos para añadir al báculo. Pueden ser desde plumas hasta cuentas, pequeños amuletos mágicos o figuras. Ten en cuenta que tendrán que fijarse al bastón de alguna manera (normalmente con alambre, hilo o una correa de cuero), por lo que sirve si tienen un agujero o se pueden envolver (como la parte superior de una pluma). Un báculo se manipula tanto que puede ser una buena opción pegar los objetos.

Al igual que con el resto de herramientas mágicas que se crean en grupo, quizá queráis bendecir y consagrar el bastón cuando hayáis terminado, utilizando las instrucciones y los materiales enumerados anteriormente en este capítulo.

Materiales: Un trozo de madera alto y lo bastante recto para utilizar como báculo. Trozos de cintas de diferentes colores. Cuerda, hilo, alambre flexible delgado o un cordón fino de cuero. Varios adornos, como plumas, cuentas, cristales, dijes, etc. Rotuladores de punta fina.

Opcional: Pirograbador (si alguna integrante lo tiene).

• • •

★ Colocad todos los materiales sobre una mesa o un mantel y sentaos cómodamente a su alrededor.

★ Cada persona debe escoger un rotulador y un trozo de cinta del color que más le guste. Puede escribir o dibujar lo que quiera en la cinta, recordando que la energía que ponga en lo que está haciendo se convertirá en una parte permanente del báculo. Cuando el Círculo de la Luna Azul hizo esto, cada una escribió rasgos que le gustaban o admiraba de las otras integrantes del aquelarre o del grupo en su conjunto, pero también podéis simplemente poner vuestros nombres, símbolos mágicos o incluso pequeños conjuros u oraciones.

★ Cuando todo el mundo haya terminado, atad por turnos vuestras cintas cerca de la parte superior del báculo. Si queréis, podéis atarlas todas juntas primero con hilo o alambre y luego unirlas al báculo como una sola pieza.

★ Pasa el báculo alrededor del círculo para que todo el mundo pueda añadir el ornamento que trajo además de cualquier otro adorno que desee. También pueden escribir con rotulador sobre la madera misma o utilizar el pirograbador (si tenéis uno) para añadir símbolos o sus iniciales.

★ Esta debe ser una actividad alegre, así que recuerda divertirte. Cuando el báculo esté terminado, puedes bendecirlo y consagrarlo si quieres. Puede quedarse en la casa de la líder (o dondequiera que os reunáis para practicar más a menudo, si es la casa de otra persona) o pasar algún tiempo con cada integrante del aquelarre.

Bolsas de amuletos y saquitos

Las bolsas de amuletos y los saquitos son herramientas mágicas útiles y que resultan sencillas y divertidas de hacer. No requieren ingredientes extraños y, por lo general, pueden confeccionarse a partir de objetos que ya tienes; sobre todo, si eres el tipo de bruja que tiene una provisión de plantas aromáticas, piedras y otros ingredientes mágicos. (Sugerencia: deberías tener dicha provisión).

Las bolsas de amuletos y los saquitos son básicamente lo mismo, la única diferencia es que las bolsas de amuletos tienen una abertura en la parte superior que se cierra atándola o ajustándola con un cordón, y los saquitos son pequeñas almohadillas que se cierran con una costura. Las bolsas de amuletos pueden llevarse alrededor del cuello, enlazadas en una cuerda o cadenilla, pero por lo general ambas se guardan en un bolsillo o bolso, debajo de una almohada, o se colocan sobre un altar. Yo tengo una bolsa de amuletos de protección que cuelga junto a la puerta principal de mi casa, por ejemplo.

Este tipo de manualidades mágicas suelen crearse con un objetivo concreto, como la protección, la prosperidad, la sanación o el amor. Los ingredientes que utilicéis variarán dependiendo de cuál sea el objetivo, por lo que debéis hablarlo en el aquelarre (probablemente en el encuentro que tengáis antes de confeccionar esta manualidad o comunicándolo de antemano) y decidir un enfoque. Esta es una posibilidad; otra es que la líder escoja un tema que crea que será de interés para todas las participantes.

Materiales: Pequeñas bolsas con cierre de cordel, de muselina, pana o algodón, o bien, trozos de tela de unos 7 cm de largo por 15 cm de ancho (pueden ser más grandes si quieres que quepan más cosas) y agujas e hilo para coserlas. Si prefieres no coser, puedes cortar un trozo de tela cuadrado y utilizar una cinta o un trozo de hilo para cerrarlo. Dependiendo del objetivo de la labor, algunas plantas aromáticas y piedras pulidas o cristales tallados, uno para cada bolsa.

NOTA: Puedes escoger el color de las bolsas en función del trabajo mágico que vayas a realizar, como azul para la sanación, verde para la prosperidad y blanco o negro para la protección, o simplemente un color neutro.

Opcional: Aceite mágico para la unción. Cualquier otro ingrediente que parezca apropiado para el objetivo en el que trabajas. Puedes escribir la intención mágica en un trozo de papel y meterlo dentro o utilizar rotuladores o pintura para tela para dibujar directamente en ella (un corazón para la magia del amor, por ejemplo, o signos de dólar para la prosperidad). Puedes introducir una moneda para la prosperidad, siguiendo el principio de «Lo semejante atrae a lo semejante». El único límite es tu imaginación.

• • •

★ Colocad el material mágico sobre una mesa y sentaos cómodamente alrededor de ella.

★ Pasad un rato hablando del objetivo mágico y lo que significa para cada una. Recuérdale a la gente que se centre en su intención durante la preparación de las bolsas o los saquitos. Si estás cosiendo, piensa en tu objetivo con cada puntada. Piensa en ello mientras añades cada ingrediente.

★ Si vas a confeccionar tu bolsa o saquito, cose los dos lados, dejando un extremo abierto y colocando dentro las plantas aromáticas, la piedra y cualquier otra cosa, luego pasa una cinta alrededor del extremo o cóselo para cerrarlo. Si confeccionas un fardo sin coserlo, extiende la tela, coloca dentro las plantas y demás, y luego une los bordes y ata una cinta o cordel alrededor. Por supuesto, si utilizas una bolsa ya hecha, basta con colocar los ingredientes en su interior. De todos modos, recuerda hacerlo despacio y conscientemente.

★ Cuando hayas terminado, puedes untar la bolsa con aceite mágico (opcional).

★ Si lo deseas, puedes bendecir y consagrar la bolsa o el saquito, siguiendo las instrucciones del principio del capítulo.

Intercambio de plantas o piedras

A algunos aquelarres (incluido el Círculo de la Luna Azul) les gusta hacer de vez en cuando un ritual que sea a la vez práctico e informativo, en lugar de centrarse solo en lo mágico (no es que haya nada malo en ello). A lo largo de los años hemos hecho una serie de rituales en los que diferentes integrantes se turnaban para pensar en una idea y proponer un tema. El intercambio de plantas aromáticas fue uno de ellos.

Probablemente, la palabra «ritual» no sea la palabra adecuada para estas reuniones, aunque se celebren en círculo, normalmente en luna llena u, ocasionalmente, en un sabbat que parezca apropiado para el tema. Se podría hacer un intercambio de plantas aromáticas en Lammas o Mabon, por ejemplo, ya que son fiestas de la cosecha. Creo que este lo hicimos en el solsticio de verano, ya que en *midsummer* (mediados de verano) es tradicional cosechar plantas aromáticas, especialmente las que se emplean en los trabajos mágicos.

A menudo lanzamos el círculo, llamamos a los cuartos e invocamos al Dios y a la Diosa como solíamos hacer, pero no es estrictamente necesario cuando estáis haciendo este tipo de actividades no mágicas. Podéis sentaros simplemente en un círculo en vuestro espacio sagrado, tal vez pasando primero las plantas purificadoras o el incienso para recordar a vuestro subconsciente que estáis haciendo un trabajo espiritual.

El intercambio de plantas es sencillo, divertido y educativo. ¡Además, tienes la oportunidad de llevarte cosas a casa cuando se acaba! Cada integrante trae una planta aromática que le guste en pequeños maceteros individuales, los suficientes para que cada integrante tenga uno (tenemos muchas jardineras en nuestro grupo, pero no todo el mundo cultiva plantas aromáticas, y no hay problema si tienes que salir a comprar las tuyas). Es una buena idea acordar con antelación quién va a traer cada cosa, para que no acaben seis personas trayendo una menta, por ejemplo.

Junto con las plantas, cada persona debe traer un trozo de papel en el que haya escrito información mágica sobre la planta aromática que haya escogido. Por ejemplo, si alguien trae lavanda, puede traer un papel que diga algo así:

«La lavanda se utiliza en la magia para la paz, el descanso, la sanación y el amor. También tiene usos medicinales, como el insomnio, el tratamiento de picaduras de insectos y las quemaduras. Es comestible y a veces se incluye en productos horneados».

Cada integrante del aquelarre presenta su planta aromática y explica sus propiedades. Luego reparte las que ha traído para que los demás puedan olerla, mirarla y llevársela a casa. Una de las ventajas de este tipo de trabajo en grupo es que cada persona solo tiene que investigar acerca de una planta y, aun así, acaba aprendiendo (y obteniendo una muestra) de tantas plantas aromáticas como personas haya en el grupo. Divertido, educativo y práctico.

Si quieres, puedes hacer algún tipo de trabajo mágico al final utilizando un poco de cada planta en algún tipo de hechizo o bendición y consagrando todas las plantas para su uso mágico. En el Círculo de la Luna Azul nos divertimos mucho compartiendo la información y las plantas, y sentimos que los elementos rituales del principio y del final eran suficientes para nosotras. No hay un modo correcto de hacerlo.

Este tipo de ritual también se puede hacer con gemas; puedes utilizar pequeñas piedras pulidas que son lo bastante económicas como para darle una a cada persona del grupo. Compartir conocimientos y aprender juntas es uno de los beneficios de pertenecer a un aquelarre, y este es un buen ejemplo de cómo se puede hacer dentro del entorno de un círculo. De todos modos, si decides ser menos solemne, no hay razón para que no puedas hacer este tipo de cosas en la sala de estar de alguien o en el jardín.

Si tienes Libros de las Sombras individuales o grupales, puedes anotar la información en ellos para consultarla en el futuro o traer copias de la información para compartirla con los demás, de modo que cada una se vaya a casa no solo con una selección de plantas o rocas, sino también con el conocimiento mágico que las acompaña.

NOTA: Las integrantes deben asegurarse de que cualquier planta que traigan sea segura para las mascotas, por si sus compañeras de aquelarre tienen animales que puedan estar en contacto con ellas. Por ejemplo, los lirios son venenosos para los gatos, por lo que habría que mencionarlo en la información compartida.

SECCIÓN 8

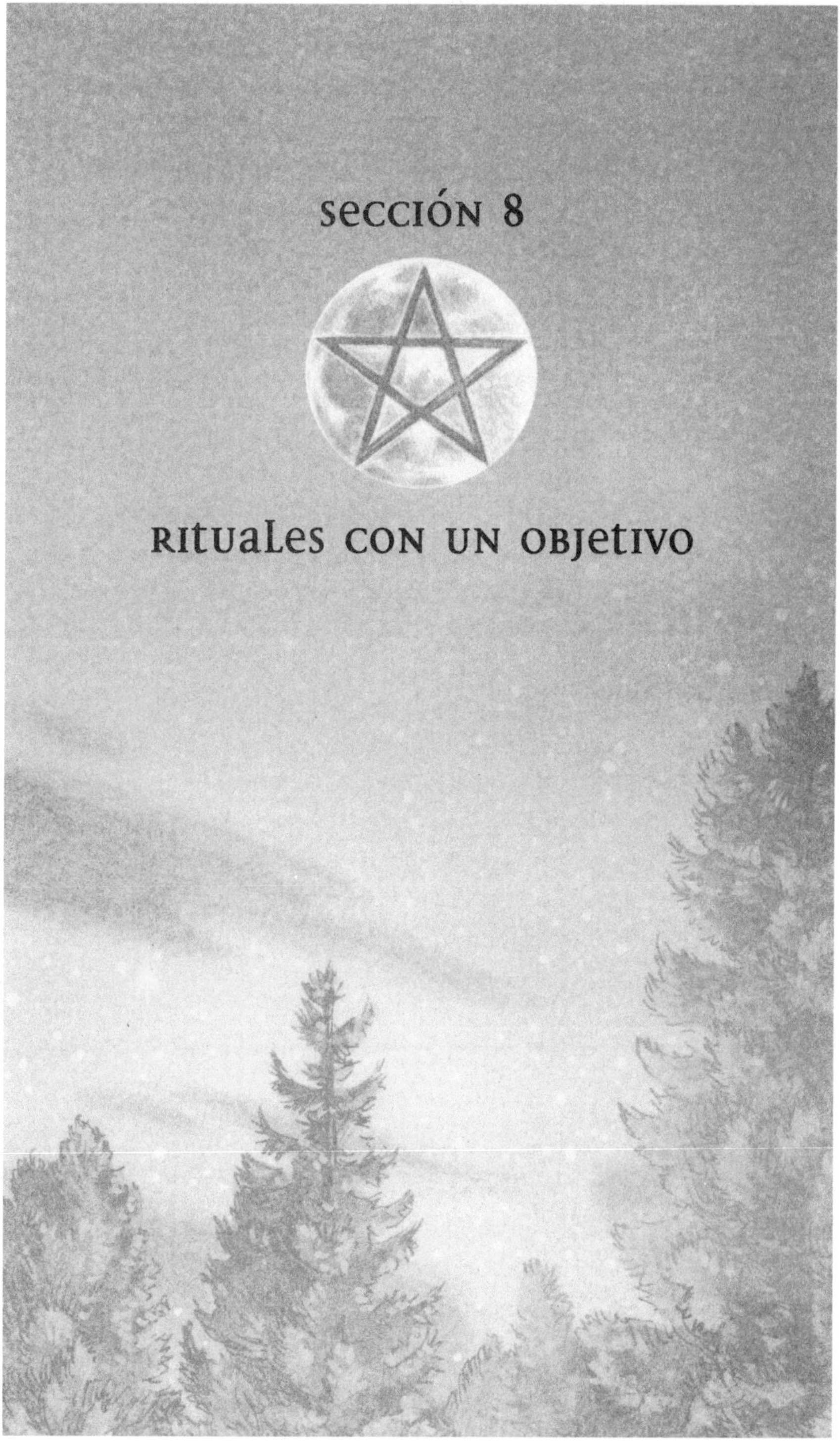

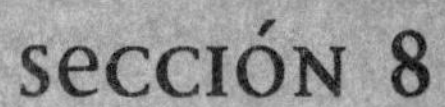

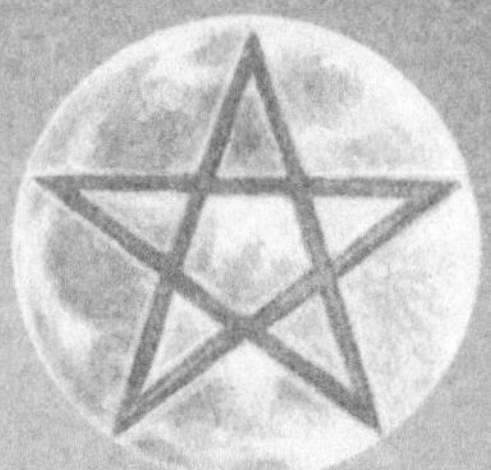

RITUALES CON UN OBJETIVO

Uno de los beneficios de practicar la magia en un aquelarre es que puedes hacer tus rituales con un objetivo concreto aprovechando la cantidad de energía que se genera trabajando con otros. Si bien las brujas solitarias pueden crear magia poderosa por sí solas, el trabajo con otras personas tiene su encanto.

No hay un límite para la variedad de trabajo mágico que se puede hacer en el entorno de un aquelarre. Los ejemplos que verás son algunos de los tipos más comunes, pero el Círculo de la Luna Azul lo ha hecho todo, desde magia para asegurar que la operación por la que pasaría una de nuestras integrantes fuera bien hasta hechizos para aliviar el dolor por la pérdida de un ser querido. Cualquiera que sea la necesidad de una integrante de tu aquelarre, sin duda podrás encontrar un ritual que la ayude, aunque los rituales sean más generales y aborden temas que tocan a todas de un modo u otro.

Todos estos rituales funcionan bien durante la luna llena, pero puedes realizarlos siempre que sean necesarios. Dependiendo de los deseos de tu aquelarre, puedes hacer un lanzamiento de círculo completo, llamar a los cuartos o invocar a la Diosa (puedes invocar al Dios también, pero si estás lanzando un hechizo en luna llena, probablemente solo invoques a la Diosa). Si es así, puedes seguir las indicaciones de la sección 2, ejemplos de rituales anteriores en el libro, o crear tus propias variantes.

Tanto si sigues el formato de ritual solemne como si no, es probable que quieras hacer algo para indicar que has entrado en el espacio sagrado, ya sea pasando plantas purificadoras, lanzando el círculo de mano en mano o que la líder diga: «Estamos en un espacio sagrado fuera del mundo, seguras y protegidas». Siempre es una buena idea reforzar la sensación de estar en un círculo y recordarle a la gente que se centre en lo mágico en lugar de en lo mundano.

Sanación

Sanar puede significar muchas cosas diferentes. Por supuesto, está la sanación física de una enfermedad o lesión, pero también existe la sanación mental y espiritual. Este ritual de sanación puede utilizarse para cualquiera de ellos o para todos, incluso para sanar relaciones personales o, si tu aquelarre es realmente ambicioso, el planeta. Tu grupo puede querer centrar sus intenciones en un tipo particular de sanación o cada persona puede centrarse en el tipo de curación que más necesite.

Materiales: Velas azules en platos resistentes al fuego (una para cada persona). Plantas medicinales (cualquier combinación de manzanilla, eneldo, eucalipto, lavanda, melisa, menta, pétalos de rosa o escaramujo, romero y tomillo; deberías utilizar, al menos, tres de estas plantas aromáticas, ya sean secas o frescas, y si lo deseas puedes pedir a cada integrante que traiga una planta diferente para compartir). Impresos con el conjuro y los símbolos de las siguientes runas: Kenaz, Uruz, Sigel, Tir e Ing (si quieres ir un paso más allá, puedes buscar su relación con la sanación e incluirlos en el impreso). Vela blanca grande para la Diosa. Sal marina y agua en recipientes separados y un cuenco pequeño para mezclarlos. Mesa para utilizar como altar. Plantas purificadoras o cualquier incienso curativo (ver plantas arriba). Cerillas. Palillos de dientes.

Opcional: Velas para llamar a los cuartos. Pequeños cristales de cuarzo. Pasteles y cerveza.

NOTA: Si deseas invocar a una diosa que esté relacionada con la sanación, puedes pensar en Brigid, Isis, Kuan Yin o Rhiannon.

Para organizar el ritual: Entregar a cada persona una vela azul, un palillo de dientes y un cristal de cuarzo (opcional), así como el papel con el conjuro y los símbolos rúnicos. Todos los demás elementos pueden colocarse cuidadosamente sobre la mesa del altar: la vela de la Diosa en el centro y las plantas purificadoras o el incienso, la sal y el agua delante del líder del ritual.

• • •

★ Reuníos en un círculo alrededor de la mesa del altar. Pasad las plantas purificadoras alrededor del círculo. La líder puede decir: «Con este humo sagrado, nos purificamos y limpiamos a nosotras mismas y a nuestro círculo y nos preparamos para hacer trabajo mágico».

★ La líder u otra persona mezcla la sal y el agua en el cuenco y dice: «Con sal y agua, limpiamos y purificamos nuestros cuerpos y espíritus, preparándonos para el trabajo que tenemos por delante». Sumergen los dedos en la mezcla y luego los llevan a la frente (tercer ojo), los labios, el corazón y el *core* (estómago). Después la pasan a la siguiente persona del círculo.

★ Lanza el círculo de mano en mano o haciendo que la líder diga: «El círculo está lanzado; estamos entre los mundos, en el espacio sagrado».

★ Si estás llamando a los cuartos e invocando a la Diosa de modo solemne, hazlo ahora.

★ La líder dice: «Nos hemos reunido esta noche para trabajar en la sanación. Todas tenemos áreas en nuestras vidas a las que les vendría bien un poco de magia sanadora. Pueden ser físicas, mentales o espirituales; tal vez sean nuestras relaciones con los demás o la tierra que tanto apreciamos que necesita ser sanada. Dedicad un momento a pensar adónde deseáis enviar energía sanadora. Cuando estéis preparadas, tomad vuestra vela y utilizad el palillo de dientes para tallar lo que os parezca apropiado sobre la superficie. En el impreso que recibisteis, hay runas relacionadas con la sanación. También podéis escribir vuestro nombre, palabras que representen el tema o temas que deseáis sanar o cualquier otra cosa que os parezca adecuada. Recordad que no podéis curar a otra persona, solo a vosotras mismas, aunque siempre podéis enviar buena energía a quienes os importan».

★ Tómate un tiempo para que la gente haga esto. Espera hasta que todas hayan terminado. Mientras las personas esperan, pueden concentrarse en sus intenciones y en lo que desean sanar.

★ Una vez que todas hayan terminado, pasa de una en una las plantas medicinales por el círculo. Nombra cada una y explica que estas plantas están relacionadas con la curación. Indícales a las integrantes del círculo que esparzan un poco de cada planta en el plato que contiene su vela.

★ Si se utilizan cristales, pídeles que también los coloquen en el plato. Explica que el cristal de cuarzo siempre se ha relacionado con la sanación, además de con el poder de la Diosa y la luna.

★ Enciende la vela de la Diosa en el centro de la mesa y di: «Diosa (o nombre concreto), te pedimos que nos envíes la sanación. Ayúdanos a reparar lo que está roto, a traer luz donde haya oscuridad y a transformar el estancamiento y la negatividad en un cambio positivo y crecimiento. Encendemos estas velas para manifestar nuestra voluntad de aceptar ese cambio positivo».

★ Pide a cada persona que dé un paso adelante y encienda su vela azul con la llama de la vela de la Diosa, teniendo cuidado de no tocar las plantas o piedras que hay en sus platos, y que luego vuelva a su lugar en el círculo.

★ Cuando todas las velas estén encendidas, pronuncia el conjuro.

Que lo que esté enfermo pronto esté bien,
que lo que esté roto sane también.
Que lo que esté triste sea reemplazado por alegría,
que todas las cosas sean como deberían.
Sanadas con el poder de la magia
y la voluntad de la Diosa,
todo estará bien, todo estará bien,
y todas las cosas estarán bien.
¡Que así sea!

★ Permaneced de pie y en silencio unos instantes.

★ Si incluís pasteles y cerveza, pásalos ahora.

★ Cuando termine el ritual, se pueden soplar las velas y llevarlas a casa para que la gente pueda seguir encendiéndolas a diario o cuando sea necesario.

★ Si has invocado a los cuartos, despídelos ahora.

★ Si invocaste a la Diosa, puedes darle las gracias ahora.

★ Abrid el círculo uniendo las manos y luego soltándolas, diciendo: «El círculo está abierto pero nunca roto. Feliz encuentro, feliz partida y ¡feliz reencuentro!».

Prosperidad

La prosperidad puede significar cosas diferentes para diferentes personas, sobre todo, en función de las circunstancias de cada una. La mayoría de la gente piensa en el dinero cuando hace un ejercicio de prosperidad, y no hay nada de malo en utilizar la magia si necesitas ayuda con tu situación económica.

Por otra parte, a veces lo que necesitas tiene menos que ver con el dinero y más con conseguir el trabajo ideal, encontrar la casa adecuada a un precio asequible o deshacerse de una deuda. Así que cuando estés haciendo trabajos de prosperidad, puede ser una buena idea mantener tus opciones abiertas en lugar de pedir algo concreto. A veces los dioses te sorprenden enviándote prosperidad de una forma en la que quizá no habías pensado.

Otra cosa que debe tenerse en cuenta es cómo aparece esa prosperidad. Por ejemplo, no querrías tener mucho dinero repentinamente porque alguien a quien amas muere y te lo deja, y no querrías obtener prosperidad si otra persona va a sufrir por ello. Tiendo a ser un poco cautelosa cuando se trata del ejercicio de prosperidad y suelo citar la frase «Por el bien de todos y según el libre albedrío de todos» al final de este tipo de hechizos, solo para dejarle claras mis intenciones al universo.

Hay quienes creen que la brujería no debería utilizarse en absoluto para trabajos de prosperidad, como si beneficiarse del trabajo mágico fuera hacer trampa o de mal gusto. Creo que es una tontería. Después de todo, nunca está de más pedir algo. Si los dioses no quieren que lo tengamos, no nos lo darán. No hay nada de malo en utilizar todas las herramientas que tienes a mano para mejorar tu vida, incluida la brujería.

El siguiente es un sencillo hechizo para crear un talismán mágico que te traiga prosperidad de la manera que más te convenga en el momento en que lo haces. Una vez creado, puedes colocarlo en tu altar o bajo tu almohada, llevarlo en tu bolsillo o colgado del cuello en una pequeña bolsa, cartera o monedero.

Materiales: Una moneda bonita para cada persona (puede ser una moneda de medio dólar o de un dólar, una moneda extranjera o antigua que te guste, o incluso un céntimo nuevo muy brillante, aunque yo prefiero las monedas más grandes porque las siento especiales; cada persona puede traer la suya o la líder del ritual puede proporcionarlas). Aceite mágico de la prosperidad (se puede comprar o hacer con algunos de los siguientes aceites esenciales) o aceite esencial de albahaca, canela, clavo, pachulí, menta o sándalo. Plantas purificadoras o incienso. Vela verde o blanca. Un pequeño cuenco de sal. Un pequeño cuenco de agua. Una mesa para utilizar como altar o un mantel para extender en el suelo. Copias del hechizo para cada participante. Cerillas.

Opcional: Pequeñas bolsas con cierre de cordel para guardar las monedas cuando hayáis terminado.

Para organizar el ritual: Coloca todos los materiales en una mesa de altar o en el suelo sobre un mantel y sentaos cómodamente a su alrededor. Reparte las monedas si la gente no ha traído las suyas.

• • •

★ Enciende las plantas purificadoras o el incienso y pásalo por el círculo hacia la izquierda. La líder puede decir: «Con este humo bendito, alejamos toda la negatividad de nuestra vida diaria y entramos en el espacio sagrado limpias, puras y preparadas para el trabajo mágico».

★ Si lo deseas, lanza un círculo de forma solemne, llama a los cuartos e invoca a la Diosa y al Dios.

★ La líder puede hablar de los puntos ya tratados sobre la prosperidad o las personas pueden hablar sobre el tipo de prosperidad que necesitan en sus vidas en ese momento determinado, o ambas cosas.

★ Pasa el aceite o aceites mágicos alrededor de la mesa. Cada persona debe ponerse un poco de aceite en la punta de un dedo y dibujar con suavidad el símbolo rúnico Gifu, que parece una X, sobre su moneda. Se trata de una forma de pedirles a los dioses sus obsequios, sean cuales sean.

★ La líder dice: «Bendecimos y consagramos este talismán para la prosperidad con el poder del agua». Pasa el cuenco de agua alrededor de la mesa. Cada persona debe rociar un poco sobre su moneda.

★ La líder u otra persona dice: «Bendecimos y consagramos este talismán para la prosperidad con el poder del aire». Enciende las plantas purificadoras o el incienso y pásalo alrededor de la mesa para que cada una esparza humo sobre su moneda.

★ La líder u otra persona dice: «Bendecimos y consagramos este talismán para la prosperidad con el poder de la tierra». Pasa el cuenco de sal y que cada una espolvoree un poco sobre su moneda.

★ La líder u otra persona dice: «Bendecimos y consagramos este talismán para la prosperidad con el poder del fuego». Enciende la vela verde o blanca en el centro de la mesa y que cada persona coloque con cuidado su moneda sobre ella, lo bastante lejos como para no quemarse.

★ La líder dice: «Nuestros talismanes están casi listos. Ahora recitaremos este conjuro para activar la magia con que les hemos imbuido y la intención que hemos puesto en ellos para lograr cualquier forma positiva de prosperidad».

> **Dios y Diosa, bendice estas monedas,**
> **que sean símbolos de nuestra magia**
> **y nuestra fe en el universo;**
> **que nos traigan prosperidad**
> **de las mejores maneras posibles**
> **para cualesquiera que sean nuestras necesidades,**
> **por el bien de todos y**
> **según el libre albedrío de todos.**
> **Bendice estos talismanes.**
> **¡Que así sea!**

★ Si se utilizan bolsitas o saquitos, ahora se pueden poner las monedas en su interior.

★ Si has lanzado un círculo de forma solemne y llevado a cabo el resto de los pasos de un ritual formal, despide a los cuartos y abre el círculo.

Protección

El ejercicio de protección es uno de los pilares de la brujería. Es una de las pocas áreas en las que está bien hacer un trabajo mágico para otras personas, como tus hijos o amigos, aunque siempre es mejor pedir permiso antes, ya que no todo el mundo se siente cómodo cuando se hace magia en su nombre. ¿A quién de nosotros no le viene bien un poco más de protección? Hay un mundo complicado ahí fuera.

Y siempre lo ha habido. Históricamente, las brujas han entretejido la magia de protección en la ropa de su familia y la han empleado sobre los cultivos y animales y, por supuesto, sobre ellas mismas. Tanto si te enfrentas a una situación difícil como si simplemente intentas mantenerte a salvo, un poco de magia de protección nunca es una mala idea.

Todos los años, en otoño, hago trabajos de protección en mi casa y mi propiedad para prepararme para el invierno y los retos que conlleva. Preparo una mezcla sencilla de plantas aromáticas combinada con sal marina y la espolvoreo por el exterior de la casa (se puede utilizar dentro de la casa si no te importa pasar la aspiradora una vez que se haya asentado) y el perímetro de mi propiedad. Eso incluye el buzón, ya que muchas cosas entran en la casa por ahí.

Este ritual es una variante del anterior. Puedes tomar la mezcla de plantas aromáticas y esparcirla en tu casa o puedes ponerla en una bolsa de amuleto y colgarla cerca de la entrada o donde mejor te parezca. Si no puedes tenerla al aire libre, puedes ponerla en el cajón de una mesa cerca de la puerta o incluso colocarla bajo un felpudo o dentro de un macetero sobre el alféizar, en cuyo caso puedes poner la bolsita dentro de algo que la mantenga seca.

Una de las ventajas de hacer magia de protección en grupo es que la energía de todas las participantes se vuelca en el trabajo y aumenta el poder de protección para todas.

Materiales: Pequeños tarros o bolsas para poner dentro la mezcla de plantas aromáticas. Plantas secas en cuencos o recipientes individuales (albahaca, manzanilla, canela, eneldo, ajo, perejil, romero, salvia). Puedes utilizar cuatro o cinco de estas plantas aromáticas y prescindir del ajo si vas a utilizar la mezcla en el interior. Sal gruesa. Copias del hechizo para todas. Plantas purificadoras o incienso. Mesa para utilizar como altar. Cerillas.

Opcional: Una gema pulida para cada persona (son buenas opciones el ónice negro o jaspe rojo). Sal. Agua. Vela negra o blanca si vas a bendecir y consagrar la mezcla de plantas aromáticas una vez preparada.

Para organizar el ritual: Coloca todas las plantas aromáticas y cualquier otra cosa que uses sobre la mesa. Reparte tarros o bolsas y una copia del hechizo a cada participante.

• • •

★ Reparte las plantas purificadoras y el incienso alrededor de la mesa. Cada persona puede esparcir el humo sobre sí misma y también sobre la mesa del altar. La líder puede decir: «Con este humo bendito, alejamos toda la negatividad de nuestra vida diaria y entramos en el espacio sagrado limpias, puras y preparadas para el trabajo mágico».

★ Si lo deseas, puedes lanzar ahora un círculo de forma solemne, llamar a los cuartos e invocar a la Diosa y al Dios.

★ La líder puede hablar sobre el ejercicio de protección que han hecho las brujas tradicionalmente. Si quieres, cada una puede hablar de las áreas en su vida en las que se siente vulnerable o las cosas y personas que les gustaría proteger.

★ Cada una debe tomar un poco de cada planta aromática y ponerla en su recipiente. Puedes ir pasando los recipientes alrededor de la mesa o hacer que la gente se acerque a la mesa por turnos, lo que mejor funcione para la cantidad de participantes que haya. Esto debe hacerse en silencio y de forma consciente, centrándose en la intención de protección. Si estáis utilizando la gema, puede añadirse ahora.

★ Una vez que todos tengan su mezcla de protección, podéis pronunciar el hechizo juntas:

Con estas plantas aromáticas,
obsequios de los dioses y la tierra,
protejo todo lo que me es más amado.
Con mis habilidades, regalo de los dioses
y del universo,
protejo lo más valorado.
Con este hechizo, entre amigas lanzado,
protejo lo que es mío de cualquier daño accidental
o intencionado.
Esta magia traerá protección.
¡Que así sea!

★ Si deseas bendecir y consagrar tu mezcla de protección, puedes hacerlo ahora, siguiendo las instrucciones anteriores en esta sección.

★ Si llamaste a los cuartos e invocaste a la Diosa, despide ahora a los cuartos y da las gracias a la Diosa.

★ Para abrir el círculo, puedes decir: «Feliz encuentro, feliz partida y feliz reencuentro».

Amor

Cuando la gente piensa en hacer magia amorosa, lo primero que le viene a la mente es el amor romántico. Pero, aunque eso puede ser maravilloso, también hay muchos otros tipos de amor en nuestras vidas, cualquiera de los cuales podríamos querer aumentar, mejorar o despertar. Está el amor de familia, la amistad verdadera y duradera, y el amor que sentimos por nuestros amigos animales, entre otros.

No soy una gran entusiasta de los hechizos de amor tradicionales. La mayoría está peligrosamente cerca de interferir con el libre albedrío, y es demasiado sencillo lanzar un hechizo que se vuelva en tu contra y acabe creando una conexión mágica entre tú y alguien de quien luego quieras distanciarte, cosa que no será fácil.

En lugar de ello, sugiero lanzar un hechizo que les dé a los dioses y al universo la oportunidad de enviarte el tipo de amor que más necesites en un momento determinado, lo sepas o no. Por supuesto, tú también tienes libre albedrío, y si deseas lanzar este hechizo con la intención de atraer el amor romántico, está bien. Siempre que lo dejes abierto (si la persona con la que estás tan segura de querer estar resulta no ser para ti), la puerta también lo estará para que la persona adecuada te encuentre.

Materiales: Para cada persona, velas rosas o blancas sobre un plato resistente al fuego. Un trozo de cuarzo rosa o amatista, pulido o en bruto, para cada persona. Pétalos de rosa o lavanda. Copias del hechizo. Trozos de papel y bolígrafos. Un surtido de cintas rosas y rojas cortadas a la medida de la base de las velas, un poco más largas de lo necesario. Plantas purificadoras o incienso, como rosa o lavanda. Una mesa que sirva de altar. Cerillas.

Opcional: Pequeños bolsos con cierre de cordel. Piedras o caramelos en forma de corazón o cualquier otra cosa que sea adecuada. Pequeños trozos de chocolate.

Para organizar el ritual: Coloca todos los materiales sobre la mesa. Reparte las velas y los hechizos.

* * *

★ Reparte las plantas purificadoras o el incienso alrededor de la mesa. Cada persona puede esparcir el humo sobre sí misma, dedicando más tiempo a la zona del corazón. La líder puede decir: «Con este humo bendito, alejamos toda la negatividad de nuestra vida diaria y entramos en el espacio sagrado limpias, puras y preparadas para el trabajo mágico».

★ Si lo deseas, en este momento puedes lanzar un círculo de forma solemne, llamar a los cuartos e invocar a la Diosa o al Dios y la Diosa.

★ Pasad un rato hablando de lo que el amor significa para cada una de vosotras. Recorred el círculo y hablad sobre el tipo de amor que tenéis y qué tipo de amor sentís que está faltando en vuestras vidas. Recordad, especialmente en esta área, absteneros de juzgar.

★ Dedicad algún tiempo a escribir las formas en que os gustaría tener más amor en vuestra vida. Podéis escoger una o varias.

★ Cada persona debe doblar su trozo de papel en una tira fina y utilizar la cinta para atarla alrededor de la parte inferior de su vela. Terminad de atar la cinta con tres o nueve nudos ya que ambos son números mágicos poderosos. Colocad la piedra delante de la vela o atadla también con la cinta.

★ Pasa los pétalos de rosa o de lavanda alrededor de la mesa para que cada persona pueda esparcir las plantas aromáticas alrededor de la base de su vela, sobre el plato en el que está colocada.

★ Dedicad un momento al silencio para que cada una se concentre en sus intenciones. Luego todas deben encender sus velas y recitar juntas el hechizo:

El amor como bendición
crece cual flor en mi corazón,
más fuerte y brillante
con cada hora restante.
El amor como un don,
enviado desde el cielo.
Confío en los dioses
para que me envíen amor dulce,
amor que merezco
y amor que deseo.
Que el amor venga a mí
con estas plantas aromáticas y este fuego.
El amor como bendición,
el amor como obsequio.
Enviadme amor que reconforte
y amor que eleve.
¡Que así sea!

★ Sentaos un instante en silencio, observando cómo arden las llamas de las velas, y luego apagadlas. Si queréis, podéis colocar las plantas aromáticas y la piedra en una bolsita, y llevar las velas a casa para encenderlas durante unos instantes cada día (repitiendo o no el hechizo).

★ Si llamaste a los cuartos e invocaste a la Diosa, despide ahora a los cuartos y da las gracias a la Diosa.

★ Para abrir el círculo, puedes decir: «Feliz encuentro, feliz partida y feliz reencuentro».

Destierros

A diferencia de muchos otros rituales que se hacen mejor con la luna llena, los rituales de destierro se prestan a ser realizados en la noche de luna negra, cuando la luna no es visible en absoluto. Como alternativa, pueden realizarse justo después de la luna llena, cuando la luna está menguando, para aprovechar el poder decreciente de la energía lunar.

La magia de destierro requiere un delicado equilibrio. No quieres propagar nada negativo, pero al mismo tiempo, si hay algo (o alguien) que necesitas eliminar por tu propia salud y bienestar, se trata de algo positivo. Este es un ritual sencillo que debería funcionar para cualquier situación, desde desterrar tus propios malos hábitos hasta bloquear la influencia de quienes quieren hacerte daño. Hacer este ritual con un aquelarre no hará más que fortalecer la magia que cada una de vosotras propague.

Materiales: velas votivas negras, una para cada persona. Palillos de dientes. Plantas purificadoras o incienso. Mesa para utilizar como altar. Copias del hechizo. Cerillas.

Opcional: Si puedes contar en el exterior con una hoguera o un recipiente resistente al fuego, también puedes utilizar papel y bolígrafos.

Para organizar el ritual: Cada persona debe recibir una vela, un palillo de dientes (o puede utilizar su propio instrumento filoso, como un athame) y una copia del hechizo. Si cuentas con una hoguera, enciéndela antes de que empiece el ritual y reparte papel y bolígrafos.

• • •

★ Pasa las plantas purificadoras o el incienso alrededor del círculo hacia la izquierda. La líder puede decir: «Con este humo bendito, alejamos toda la negatividad de nuestra vida diaria y entramos en el espacio sagrado limpias, puras y preparadas para el trabajo mágico». Por el tipo de trabajo mágico que vais a realizar, aseguraos de tomaros vuestro tiempo y concentraos de verdad en liberaros de cualquier cosa que pueda interferir en aquello que deseáis conseguir.

★ Si lo deseas, puedes lanzar un círculo de forma solemne, llamar a los cuartos e invocar a la Diosa. Si no, puedes lanzar el círculo de mano en mano, y la líder puede decir: «El círculo está lanzado; estamos entre los mundos, en un espacio seguro y protegido».

★ La líder dice: «Por mucho que lo intentemos, siempre hay cosas en nuestra vida que se interponen en el camino de nuestro desarrollo y felicidad. A veces esas cosas vienen de fuera: malas influencias, personas que no desean lo mejor para nosotros, trabajos que absorben nuestra energía sin dar nada a cambio. A veces vienen de adentro: hábitos improductivos o destructivos, viejos recuerdos o patrones que nos arrastran hacia abajo, falta de fuerza de voluntad o de confianza en una misma. Esta noche trabajaremos juntas para desterrar de nuestras vidas todo aquello que ya no nos beneficia. Tomad vuestras velas y grabad en ellas los nombres de cualquier cosa que deseéis desterrar de vuestras vidas. Tomaos el tiempo necesario para pensar realmente en vuestras elecciones. Una vez desterrado, suele ser difícil o imposible recuperar algo, así que aseguraos de que realmente queréis deshaceros de lo que sea que elijáis. Si no estáis seguras, siempre puede escribirse algo como «infelicidad» o «estrés», sin importar aquello que los esté causando».

NOTA: Si vas a utilizar una hoguera, pide también a las participantes que escriban las mismas palabras en sus trozos de papel.

★ Pide a cada una que se tome un tiempo para pensar en lo que desea desterrar y grabarlo en sus velas. Este es un momento para la concentración y la reflexión, no para la conversación.

★ Cuando todo el mundo esté listo, pídeles que enciendan sus velas y reciten el hechizo juntas.

Destierra el estrés y la tristeza,
destierra la ira improductiva.
Destierra el miedo al porvenir
y todo hábito dañino.
Destierra a quienes nos hacen daño,
destierra lo que bloquea nuestro camino.
Con nuestra magia y su encanto,
¡aparta estas cosas de modo definitivo!

★ Apagad todas las velas a la vez. Si habéis encendido una hoguera, arrojad dentro los trozos de papel en este momento.

★ Dedicad un momento al silencio, luego volved a pasar las plantas purificadoras o el incienso, concentrándoos en deshaceros de cualquier resto de lo que sea que hayáis desterrado Las velas pueden llevarse a casa y arder cada noche durante un mes o hasta la próxima luna llena o negra, dependiendo de cuándo habéis hecho el ritual.

★ Si lanzaste un círculo de forma solemne, despide a los cuartos y da las gracias a la Diosa. Si no, di simplemente: «El círculo está abierto pero nunca roto. Feliz encuentro, feliz partida y feliz reencuentro».

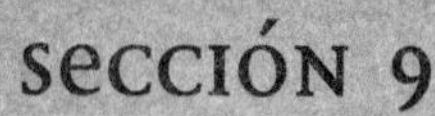

espíritu y adivinación

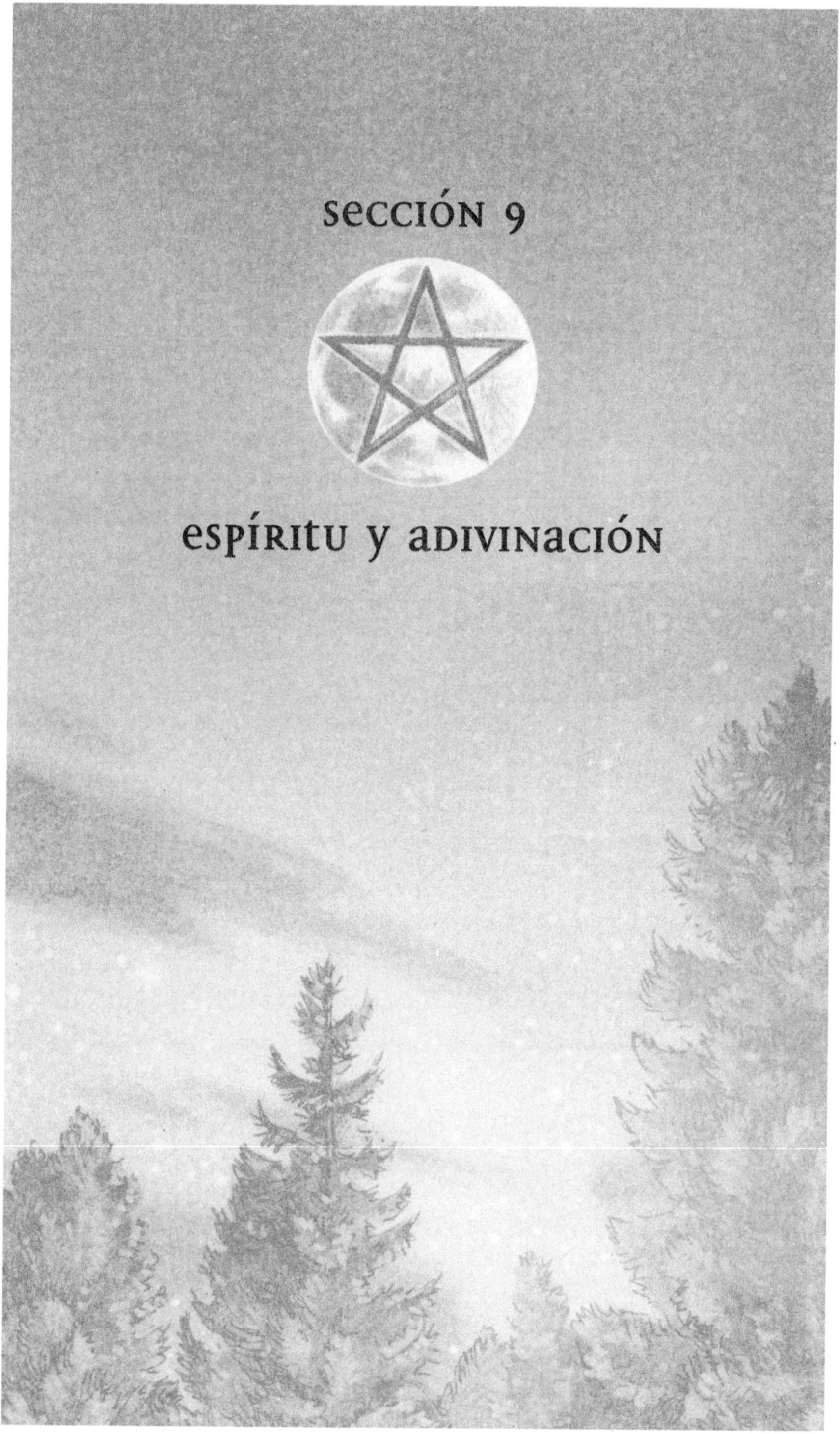

Algunas actividades tienen menos que ver con el ritual en sí y más con trabajar con el espíritu o la intuición. Puede haber algunos aspectos rituales solemnes, como la purificación o la protección, o puede que decidas llevarlas a cabo únicamente siendo consciente de estar en un espacio sagrado practicando la magia.

La mayoría de estas actividades pueden realizarse en cualquier momento, aunque la luna llena es un período especialmente poderoso para este tipo de magia. La adivinación también suele hacerse en el solsticio de verano y en Samhain, cuando la división entre nuestro mundo y el del más allá es más imperceptible.

Meditaciones del corazón, espalda con espalda

Escrita por mi amiga Lisa, de quien hablé en la sección 3, esta meditación fue pensada para un aquelarre de dos personas, pero también puedes adaptarla para utilizarla como una meditación guiada para un grupo grande, siempre y cuando tengas un número par de personas más una persona que modere.

«Sentaos espalda con espalda, con vuestras columnas y cabezas tocándose suavemente. Este es un ejercicio en el que os apoyáis, no os recostáis. Puede que os lleve a ambas varios minutos centraros en vuestro propio ser y anclaros al suelo. Cuando estéis preparadas, podéis reclinaros con suavidad y cuidado hasta que vuestros cuerpos se toquen. En primer lugar, prestad atención a vuestra propia respiración, respirando profunda y lenta pero suavemente. Una vez que estéis en sintonía con vuestra propia respiración, prestad atención a la de la otra. No intentéis sincronizaros; simplemente sed conscientes tanto de vuestra respiración como de la suya. Si la sincronización se produce de forma natural y la sentís, no os apeguéis a ella.

»Cuando estéis completamente relajadas, llevad vuestra atención a vuestro corazón, sintiendo su energía, permitiendo que se abra y expanda, reconociendo que, al hacerlo, irradia hacia todos los lados una esfera resplandeciente de luz esmeralda hermosa. A medida que recorre vuestra espalda, se funde con la luz del corazón que fluye por la espalda de vuestra pareja, una conexión tangible que representa la verdad más profunda: no estamos separadas. Todas somos parte unas de otras, parte de la Diosa y del Dios, del Universo, del Uno.

»Cuando os sintáis centradas, relajadas y conectadas con vuestra pareja, haced unas cuantas respiraciones profundas, separándoos lentamente, y empezad el resto de vuestro ritual si estáis haciendo algo más».

Ceremonia del té para dos

El té es una bebida maravillosa. El té de hierbas, en particular, se presta al trabajo mágico porque contiene plantas con propiedades medicinales y mágicas, además de tener un sabor delicioso (aunque no a todo el mundo le gusta el sabor de todas las plantas aromáticas y, como sucede con cualquier planta, hay que tener cuidado con las alergias). Puedes hacer esta sencilla ceremonia mágica del té con cualquier planta cuya ingesta sea segura (no todas lo son) y utilizar una o diferentes variedades. Este rito también puede funcionar para un grupo pequeño.

Estas son mis plantas aromáticas favoritas para preparar el té. Algunas tienen múltiples beneficios, por lo que es muy útil tenerlas a mano.

MANZANILLA: Esta planta es la mejor para el descanso, la relajación, el amor y la prosperidad. También la encuentro útil en mezclas de sanación por la tranquilidad que puede aportar.

JENGIBRE: Esta raíz que produce calor es buena para la energía, el poder, la prosperidad, el éxito y el amor (especialmente el de tipo apasionado).

LIMÓN: Puede que no pienses en el limón como una planta, pero se puede añadir fácilmente cáscara de limón seca a las mezclas de té de hierbas y es excelente para la purificación, la limpieza, el amor y la energía. También puedes añadir unas gotas de limón fresco para potenciar cualquier té.

MELISA: Integrante de la familia de la menta y fácil de cultivar, esta planta es sagrada para las diosas Artemisa y Diana. Tanto desde el punto de vista de la medicina como de la magia, es buena para la calma, el sueño, la ansiedad y la sanación, y también se utiliza en la magia para la felicidad y el amor.

MENTA: Utilizada tradicionalmente para aliviar la mala digestión y el dolor de cabeza, con fines mágicos se emplea para la sanación, la purificación, el amor, la prosperidad, la abundancia y para aumentar los poderes psíquicos. Incluso el aroma de la infusión puede levantarte el ánimo.

ROSA: Puedes utilizar pétalos de rosa secos en el té, pero para reforzar sus propiedades curativas (y de vitamina C), utiliza los escaramujos, que son el fruto de la planta. Relacionada normalmente con el amor, la rosa también es buena para la sanación, la protección y la adivinación.

ROMERO: Se trata de una planta de sabor intenso que quizá no quieras utilizar para preparar un té fuerte, pero añadirle un poco a otras plantas potencia cualquier ejercicio de sanación, protección, amor, agudeza mental, memoria y purificación.

Hay muchas otras plantas que pueden añadirse a los tés para practicar la magia. Si hay una que prefieras, vale la pena que compruebes si tiene propiedades mágicas.

Empieza por decidir el objetivo mágico de tu ritual y, a continuación, escoge las plantas que vas a utilizar para el té.

Materiales: Plantas de tu preferencia (al menos una cucharadita de cada una o más según lo desees). Una tetera para preparar el té (si se trata de un ritual que vas a repetir a menudo, quizá convenga comprar una tetera especial para uso mágico; de lo contrario, cualquier tetera servirá). Dos tazones pequeños o tazas resistentes al calor. Un infusor de té (si nunca has usado uno, el infusor contiene té suelto y se coloca dentro de la tetera para infusionar el agua). Un recipiente con agua que no llegue a hervir. Una vela grande blanca o de un color que simbolice el trabajo que estás haciendo, como el azul para la sanación. Plantas medicinales o incienso. Cerillas.

Opcional: Objetos que simbolicen tu objetivo mágico. Miel si no te gusta el sabor de las plantas sin ella (las abejas son sagradas para la Diosa). Una campana, carillón o gong, si los tienes.

Nota: Este es un ritual tranquilo y relajado. Si es posible, siéntate en un lugar donde no te molesten los ruidos del exterior y comprueba la calma con la que puedes llevarlo a cabo.

• • •

★ Despliega todas tus herramientas y siéntate frente a tu pareja mágica al otro lado de una mesa o una al lado de la otra, con una mesita entre ambas.

★ Prende fuego a las plantas aromáticas o al incienso y esparce el humo sobre tus utensilios mágicos, diciendo: «Bendice estas plantas y el trabajo que hacemos con ellas». Si lo deseas, deja las plantas aromáticas o el incienso humeando en un recipiente resistente al fuego.

★ Moviéndote lenta y conscientemente, y concentrándote en la intención mágica que trabajarás para alcanzar, coloca la planta o las plantas aromáticas en el infusor y ponlo en la tetera, asegurándote de sujetar la cadena o la varilla en el otro extremo. Al ser dos personas, podéis turnaros para hacer cada paso o cada una puede hacer una parte (por ejemplo, una añade las plantas y la otra añade más, o una se encarga del incienso y la otra carga el infusor). Vierte el agua caliente sobre las plantas aromáticas. (Añade la miel ahora si lo deseas). Sujetando el extremo del infusor, haz girar las plantas aromáticas dentro de la tetera nueve veces en el sentido de las agujas del reloj. Luego coloca la tapa de la tetera para dejar que las plantas reposen durante el tiempo necesario. Las hojas y flores sueltas suelen tardar unos minutos, mientras que las raíces más duras, como el jengibre, pueden tardar diez minutos o más. Mientras se infusionan, concéntrate en tu objetivo mágico.

★ Juntas o por turnos, cada una puede hacer sonar una campana o un carillón si tenéis uno, o simplemente aplaudir con suavidad tres veces por encima de la tetera y decir: «Hierbas en té; dulce alquimia de la naturaleza. Nuestra magia está hecha; que así sea».

★ Vierte un poco de té en la taza de tu compañera y pídele que vierta un poco en la tuya. Bebe despacio, concentrándote en tu objetivo mágico como si su potencial estuviera entrando en tu cuerpo con cada sorbo.

★ Cuando terminéis, podéis chocar con suavidad las tazas entre sí o levantarlas en el aire en la dirección de la otra. Si estáis en el exterior, podéis verter el té sobrante en el suelo o dejar que se enfríe y cada una guardar un pequeño recipiente para beber más tarde.

Ritual de unión

Se trata de un ritual sencillo pero muy poderoso, pensado para hacerlo con un grupo grande de personas. Puede hacerse con un grupo más pequeño, pero es posible que no tenga el mismo impacto. Puede dirigirlo una persona, dos o tres, cada una de las cuales dirige una parte del ritual. No se necesitan materiales, por lo que es el ritual perfecto si quieres algo sencillo o si estás en un lugar en el que no pueden utilizarse velas ni quemarse plantas purificadoras. (Originalmente creé este ritual para llevarlo a cabo en una convención pagana celebrada en un hotel, donde estaba prohibido el fuego abierto y el humo).

• • •

★ Empieza pidiendo a todo el mundo que se ponga de pie formando un círculo. Si hay personas que no pueden estar de pie, no hay problema con ofrecer asientos.

★ Para lanzar el círculo, la líder dice: «Lanzamos este círculo con la voz de unión y en el espíritu de unión. Decidlo conmigo: "El círculo está lanzado"». Todas repiten juntas: «¡El círculo está lanzado!».

★ La líder llamará a los cuartos a través de una modalidad de llamada y respuesta; significa que ella dice la primera parte y todo el grupo responde unido. Suele ser mejor que la líder del ritual lo explique con antelación si las participantes no han trabajado juntas con regularidad. También puede ser útil tener a algunas personas preparadas para iniciar la respuesta de modo que todas entiendan de qué se trata, o entregar las palabras de llamada y respuesta a las participantes cuando llegan. Debe hacerse con energía y entusiasmo. Incluso, si se desea, puede gritarse la respuesta. El grupo puede permanecer mirando hacia el centro o bien girarse para mirar a cada cuarto.

Modalidad de llamada y respuesta:

◗ Llamada al Este (líder): «¿Quién respira aire?».

◗ Respuesta (todas): «¡Todas respiramos aire!».

◗ Llamada al Sur (líder): «¿Quién siente amor y pasión?».

◗ Respuesta (todas): «¡Todas sentimos amor y pasión!».

◗ Llamada al Oeste (líder): «¿Quién está hecha de agua?».

◗ Respuesta: «¡Todas estamos hechas de agua!».

◗ Llamada al Norte (líder): «¿Quién viene de la tierra?».

◗ Respuesta: «¡Todas venimos de la tierra!».

◗ Llamada al espíritu (líder): «¿Quién está llena del espíritu?».

◗ Respuesta: «¡Todas estamos llenas del espíritu!».

◗ Líder: «Y así invitamos a la presencia del espíritu a que se una a nosotras en nuestro rito».

◗ Respuesta: «Que así sea».

★ Líder u otra integrante: «Ahora enviaremos energía por toda la sala tocando suavemente el brazo o el hombro de la persona que está a vuestro lado, una por una. Si no deseáis que os toquen, extended la mano con la palma hacia arriba, y la persona que está al lado de vosotras puede colocar su mano sobre la vuestra con la palma hacia abajo, a unos 5 cm de distancia. Enviad un sentimiento de amor y unión por toda la sala hasta que estemos todas conectadas». La líder empieza enviando energía amorosa a la persona que está a su izquierda, y este gesto se repite alrededor del círculo hasta que vuelve al punto de partida. Esto debe hacerse en relativo silencio y con la mayor concentración posible.

★ Líder u otra integrante: «Ahora enviaremos una serie de palabras por la sala de la misma manera, empezando por una persona y añadiendo a todas las demás de una en una. Seguid repitiendo la primera palabra hasta que la estén diciendo todas las personas en la sala, y luego cambiaremos. Cuando lleguemos a la palabra "uno", levantaré mis brazos y todas enviaremos la energía hacia fuera, al universo. Al terminar con el último "OM", poned vuestras manos sobre el corazón y llevad la energía dentro». La primera palabra se repite hasta que todas la estén diciendo; luego la líder empieza la siguiente palabra, y así sucesivamente.

OM.
Yo soy.
Somos.
Humanas.
Sagradas.
Unidas.
Uno (enviar hacia fuera, al universo, levantando las manos en el aire).
OM (manos sobre el corazón, llevar dentro del ser).

★ Permaneced de pie en silencio unos instantes.

★ Líder: «Doy las gracias a los cuartos por proteger nuestro círculo. Agradezco a los dioses por velar por nosotros. Y os doy las gracias a todas por uniros a mí en este poderoso ritual por la unidad. Que la energía que hemos creado juntas continúe creciendo y floreciendo en los días venideros. ¡Que así sea!».

★ Todas: «Que así sea».

Meditación guiada, tamborileo y cánticos

Un ritual ideal para un grupo de brujas que no tengan un vínculo muy estrecho es aquel que incluye el tamborileo y los cánticos. Si le añadimos una sencilla meditación guiada, lo subirá de nivel. Si es posible, sería estupendo hacerlo en el exterior con luna llena, aunque puede hacerse en cualquier momento y en cualquier lugar donde haya espacio suficiente para que se reúnan todas las participantes. Asegúrate de avisar a la gente con antelación de que traiga un tambor, si lo tiene (o cualquier otro instrumento rítmico, como un sonajero), e intenta que traigan algunos instrumentos de más para quienes no tengan uno.

Materiales: Tambores o sonajeros. Si no se te da bien improvisar una meditación guiada, conviene que tengas una escrita de antemano o que traigas una copia de esta. (Si la haces fuera, en la oscuridad, puede que necesites una linterna).

• • •

★ Reúne a todas las participantes en un círculo y explica lo que haréis. Reparte más instrumentos si hiciera falta. Si hay personas que no los tienen, pueden aplaudir, zapatear o simplemente moverse al ritmo de las demás. Si por casualidad hay una persona a la que se le da bien llevar el ritmo, puede ser de ayuda que empiece el ritual. De lo contrario, empezad con un ritmo lento y constante.

★ Dile a la gente que puede cerrar los ojos si lo desea y hacer varias respiraciones lentas y profundas. A continuación, empieza con tu propia meditación guiada o lee esta:

«Escuchad el redoble del tambor. Es el eco del latido del corazón de la tierra bajo nuestros pies. Concentraos en el lugar donde vuestros pies tocan el suelo. Enviad vuestra conciencia hacia abajo, a través de las plantas de vuestros pies, muy abajo, bajo la superficie de la tierra. Enviadla a través de la tierra, de las capas de los años, como si pudierais echar raíces como un árbol, conectando con la tierra hasta llegar al fuego que reside en su núcleo. Sentid el pulso de las llamas que danzan, el latido de la tierra. Luego volved a traer vuestra conciencia arriba a través de vuestro propio centro, deteniéndoos un momento para sentir la energía que hay allí, y luego seguid subiendo. Subidla a través del corazón, a través de la parte superior de la cabeza, enviando la conciencia hacia el cielo, hacia el sol vibrante que nos da la vida a todas y hacia la luna con su magia. Sentid el pulso del universo, el ritmo del cielo, y traedla de nuevo abajo con vosotras para encontraros con el latido de la tierra. Sentid el eco de vuestro propio latido en vuestros huesos. Vosotras sois el cielo. Vosotras sois la tierra. Vosotras sois la energía y la magia. Vosotras sois el latido del tambor. "¡Ahhhhh!". Soltad el aire y volved a esta realidad, más fuertes y más en sintonía con todo lo que reside arriba y abajo».

★ Tamborilea durante unos minutos en silencio y luego comienza el cántico. Si no estás familiarizada con él, puedes encontrar ejemplos en Internet para guiar a las demás, ya que tiene algo de melodía. Este es muy sencillo. Si hay otro cántico que prefieras, puedes sustituirlo:

«Aire soy, fuego soy, agua, tierra y espíritu soy». Repite hasta que aumente la energía y luego tamborilea fuerte al final, cuando la líder tamborileará más fuerte a propósito y luego dará un golpe enérgico para indicar que el tamborileo ha cesado. La energía puede ser enviada al universo o absorbida por las participantes, o ambas cosas.

★ Puedes sugerir a las participantes que depositen toda la energía que han acumulado en la tierra, inclinándose y poniendo las manos sobre el suelo. De lo contrario, pueden acabar sintiendo mareos y vértigo.

Adivinación con tarot:
—*para dos personas*—

El ejercicio de adivinación es divertido para hacer en grupo. El Círculo de la Luna Azul suele tirar una carta de tarot o del oráculo, ya sea para nosotras mismas o para la persona que está junto a nosotras en el círculo. También hemos utilizado piedras rúnicas en alguna ocasión. Pero quizá resulte difícil ser muy detallista cuando hay demasiadas personas: lleva mucho tiempo, es difícil mantener la concentración y no todo el mundo se siente cómodo haciendo una lectura completa para otra persona.

En un grupo de dos personas, es menos probable que tengas que lidiar con estos problemas, así que puedes dedicar más tiempo a la adivinación, siempre que las dos estéis interesadas. Si sois principiantes, esta es la forma perfecta de practicar. Si tenéis más experiencia, contar con alguien con quien hacer adivinación de forma regular es toda una ventaja.

Este ritual de tarot en particular está diseñado para dos personas. Si tienes un grupo más grande, también puedes dividir a la gente en parejas y turnaros para leeros las cartas entre vosotras.

Me gusta practicar la adivinación en la luna nueva para ver lo que me espera, en la luna llena para los asuntos más importantes y en días intensos como el solsticio de verano o Samhain para obtener información general del universo. Pero, en realidad, no hay un momento correcto, y puedes practicar la adivinación cuando lo necesites o estés de humor. Cuando estés aprendiendo, puede ser útil hacerlo con frecuencia y anotar cada lectura en un Libro de las Sombras o cuaderno. No te preocupes si necesitas consultar el libro que vino con tu baraja de tarot u otro libro. Es bueno seguir tus instintos, pero especialmente si estás empezando, es muy útil buscar el significado de las cartas cuando te sientes insegura.

Este ritual puede realizarse con una lectura rápida de tres cartas (pasado, presente y futuro), una tirada más detallada de diez cartas de la Cruz Celta, o cualquier otro formato que tú y tu pareja mágica acordéis. El enfoque es el mismo con cualquiera de las opciones. Yo utilizaré la lectura de tres cartas como ejemplo, pero no dudes en sustituirla por la que prefieras.

Materiales: Una baraja de tarot (si cada una tiene la suya, podéis utilizar ambas si lo preferís). Dos velas blancas. Plantas aromáticas o incienso. Cerillas. Una mesa en la que podáis sentaros frente a frente.

Opcional: Libros de las Sombras o cuadernos para anotar los resultados. Bolígrafos. Un pañuelo de seda o un trozo de seda para colocar las cartas encima. Música tranquila de fondo o tamborileo. Pasteles y cerveza para cuando hayáis terminado.

• • •

★ Coloca las velas a ambos lados de la mesa para que no estorben. Si vas a utilizar un trozo de seda u otro tipo de mantel para apoyar las cartas, colócalo sobre la mesa entre tú y tu pareja mágica con la baraja o barajas apiladas encima.

★ Prende fuego a las plantas purificadoras o el incienso y esparce el humo sobre las cartas. Turnaos para encender una vela y decir: «Diosa, te ruego que guíes mis pensamientos y mi intuición para que pueda ver claramente las respuestas que tengo ante mí».

★ Tómate unos minutos para sentarte en silencio (o con música tranquila de fondo) y pensar en la pregunta o las preguntas que quieres hacer.

★ Si tú eres la persona que hace la lectura, mezcla las cartas que utilizarás o pídele a la persona a quien va dirigida la lectura que las mezcle y luego te las devuelva. Pídele que divida la baraja en tres montones y que los coloque juntos en el orden que desee. Luego dirá cuál es su pregunta. A continuación, reparte tres cartas. Puedes hacerlo de una en una, interpretando cada carta a medida que sale, o colocar las tres cartas boca abajo y luego darles la vuelta de una en una. Haz lo que puedas por responder a la pregunta, escuchando a tu intuición. Si crees que falta algo, puedes pedirle a la otra persona que saque una carta al azar para tener mayor claridad. Comenta lo que te ha mostrado la lectura.

NOTA: Cuando leo el tarot, yo misma mezclo las cartas, en parte porque pueden ser incómodas de manipular para quienes no están acostumbrados a ellas, y en parte porque me gusta familiarizarme con la energía de la lectura. Pero muchos lectores de tarot hacen que la persona a quien le están haciendo la lectura (llamada «consultante») mezcle las cartas para sí misma. Cualquiera de las dos formas está bien.

★ Luego pídele a la segunda persona que haga una lectura para la primera del mismo modo.

★ Cuando hayas terminado, remueve tus plantas purificadoras o incienso sobre las cartas para volver a purificarlas y guárdalas. Si se desea, acompaña con pastel y cerveza, y toma algunas notas sobre las lecturas mientras siguen frescas en tu cabeza.

Adivinación con cartas del oráculo

Puede ser muy divertido adivinar para unas y otras en un contexto grupal, y a menos que tu grupo sea muy grande, puedes reservar de vez en cuando un momento para hacer lecturas de tarot u otros intercambios adivinatorios. La noche de luna llena, el solsticio de verano y Samhain son excelentes momentos para una adivinación profunda.

También hay prácticas adivinatorias que no requieren tal inversión de tiempo, energía y concentración, pero que siguen siendo divertidas y útiles. Una de las cosas que nos gusta hacer en el Círculo de la Luna Azul es incorporar las cartas del oráculo en algunos rituales. Pasamos la baraja que estemos usando alrededor del círculo y cada una elige una carta al azar, ya sea para nosotras o para la persona que está sentada a nuestra izquierda.

La ventaja de utilizar cartas del oráculo es que suelen ser más sencillas de interpretar que las del tarot y la baraja suele ser más pequeña. Muchas vienen con pequeños cuadernillos, aunque utilizar la propia intuición es un buen hábito. Nosotras utilizamos mi baraja del *Everyday Witch Oracle* («El oráculo de la bruja cotidiana»), con ilustraciones de Elisabeth Alba, por supuesto, pero también tengo varias barajas con diosas, afirmaciones e incluso gatos. Hay literalmente miles de barajas dando vueltas, y puedes empezar con una o dos que te parezcan afines a ti y a tu grupo.

Aquí tienes algunos ejemplos de las que utilizamos:

- *Blessed Be Cards: Mystical Celtic Blessings to Enrich & Empower* («Cartas bendito seas: bendiciones místicas celtas para enriquecer y empoderar»), de Lucy Cavendish; ilustraciones de Jan Starr Weils.

- *Conscious Spirit Oracle Deck* («Baraja del oráculo del espíritu consciente»), de Kim Dreyer.

- *Cosmic Cat Widsom Cards* («Cartas de sabiduría del gato cósmico»), de Randy Crutcher y Barb Horn.

- *Gifts of the Goddess Affirmation Cards* («Cartas de afirmación de los regalos de la Diosa»), de Amy Zerner y Monte Farber.

- *Goddess Inspiration Oracle* («Oráculo de inspiración de la Diosa»), de Kris Waldherr.

- *Goddesses: Knowledge Cards* («Diosas: cartas del conocimiento»), de Michael Babcock; ilustraciones de Susan Seddon Boulet.

- *Journey to the Goddess Realm Oracle Deck* («Baraja del oráculo. Viaje al reino de la Diosa»), Lisa Porter.

- *Peace Oracle: Guidance for Challenging Times* («Oráculo de la Paz: guía para tiempos difíciles»), Toni Carmine Salerno y Leela J. Williams.

● ● ●

Aquí tienes un ejemplo de un ritual con cartas del oráculo. Puedes, por supuesto, cambiarlo para adaptarlo a las necesidades de tu grupo en cualquier momento.

Materiales: La baraja del oráculo de tu preferencia. Cuatro velas para llamar a los cuartos (amarilla, roja, azul y verde o todas blancas o naturales). Vela de la Diosa (blanca o plateada). Plantas purificadoras o incienso.

Opcional: Sal y agua en un plato pequeño. Música tranquila de fondo o CD de tambores. Campana. Cuadernos o Libros de las Sombras y bolígrafos para escribir el resultado de la adivinación (puede ser útil llevar un registro de este tipo de cosas). Bolsa o cesta para guardar las cartas. Bastón de la palabra. Pasteles y cerveza.

Para organizar el ritual: Dispón el círculo con las velas para llamar a los cuartos en las cuatro direcciones y los demás elementos sobre una mesa o un mantel en el centro del círculo. Estaréis sentadas durante gran parte del ritual, así que si la gente no se siente cómoda sentada en el suelo habría que ofrecerle cojines o sillas. Se trata de un ritual con un estilo bastante relajado.

• • •

★ Lanza el círculo de mano en mano o de la forma que suelas hacerlo.

★ Prende fuego a las plantas purificadoras o al incienso y pásalos alrededor del círculo, dando a cada persona la oportunidad de purificarse a sí misma y el espacio que la rodea. Cuando las plantas purificadoras o el incienso vuelven a la persona que lo empezó, también debe esparcir el humo sobre las cartas del oráculo.

★ Si lo deseas, pasa el cuenco de sal y agua y pídele a cada integrante que se limpie y purifique para el trabajo que tiene por delante ungiéndose el tercer ojo (en el centro de la frente), los labios, el corazón y el centro (el ombligo). Puesto que tú serás quien hablará, quizá desees ungir también el chakra de la garganta.

★ Llama a los cuartos encendiendo las velas por turnos, empezando por el este (puede hacerlo una sola persona o varias). Di: «Llamamos al este, el poder del aire. Ven a unirte a nuestro círculo trayendo sabiduría y la capacidad de expresarla con claridad. Llamamos al sur, el poder del fuego. Ven a unirte a nuestro círculo, trayendo compasión y creatividad que podamos compartir entre nosotras. Llamamos al oeste, el poder del agua. Ven a unirte a nuestro círculo y ayúdanos a dejarnos llevar por lo que sea que surja al buscar el conocimiento. Llamamos al norte, el poder de la tierra. Ven a unirte a nuestro círculo y ayúdanos a centrarnos en el aquí y el ahora y a ser sabias. Que así sea».

★ Enciende la vela de la Diosa e invócala a ella o a cualquier otra diosa que escojas. Di: «Gran Diosa, te invitamos a unirte a nosotras en nuestro círculo. Guía nuestras manos y nuestras mentes, préstanos tu sabiduría y claridad, y ayúdanos a aprender aquellas cosas que hoy nos serán más útiles. Bienvenida y bendita seas».

★ La líder o una integrante debe guiar al grupo para realizar un ejercicio sencillo de centrarse en el aquí y el ahora, que sirve cuando se hace cualquier tipo de ejercicio de adivinación. Puede utilizar sus propias palabras o decir: «Cerrad los ojos. Tomad algunas respiraciones lentas y profundas y sentid cómo os acomodáis más profundamente en el espacio sagrado. Visualizaos enviando energía hacia abajo, a través de vuestros pies, y conectándoos con el suelo que está debajo, fuerte, firme y estable. Ahora visualizaos enviando energía a través de la parte superior de vuestra cabeza hacia el cielo, accediendo a su sabiduría y serenidad. Traed de vuelta esa energía desde arriba y desde abajo para que se encuentre en vuestro núcleo, conectándoos y centrándoos para el trabajo que tenéis por delante. Volved a tomar una respiración profunda, abrid los ojos y sentíos centradas y listas para acceder a cualquier conocimiento que el universo tenga para compartir con vosotras».

★ Todo el mundo debe sentarse cómodamente. Si vas a poner música o tambores de fondo, ponlos ahora.

★ Pasa las cartas alrededor de la mesa (puedes dejarlas en su caja, colocarlas en una bolsa o cesta, o simplemente pasarlas en una pila). Cada persona debe tomar una carta sin mirarla.

★ Yendo en círculo de una en una, cada persona debe mirar la carta que ha sacado y compartir lo que le dice. Puedes emplear un enfoque general para las lecturas (¿Qué necesitamos saber hoy?) o algo más específico dependiendo de la baraja. Por ejemplo, si utilizas una baraja de la Diosa, puedes preguntar: «¿Qué Diosa me puede enseñar algo hoy?».

★ Si quieres, puedes pasar la baraja una segunda vez (después de que todas devuelvan las primeras cartas) y pedir a las participantes que escojan una carta para la persona que tienen al lado. Si lo haces, vuelve a dar la vuelta al círculo y esta vez pídeles a las participantes que interpreten la carta para la persona que eligieron. Si lo deseas, escribe los resultados de las cartas en libretas o en un Libro de las Sombras.

★ Reparte pasteles y cerveza (opcional).

★ Si quieres, pasa un bastón de la palabra y pídele a todas las integrantes que compartan su interpretación de los mensajes que han recibido.

★ Ponte de pie. Agradece a los cuartos que hayan venido a vuestro círculo y os hayan ayudado («Gracias, poderes del aire, por asistir a nuestro ritual» o algo así de sencillo). Apaga esas velas.

★ Da las gracias a la Diosa por acompañaros en vuestro círculo y apaga esa vela.

★ Abre el círculo diciendo: «El círculo está abierto pero nunca roto. Feliz encuentro, feliz partida y feliz reencuentro».

Adivinación con piedras rúnicas

Las piedras rúnicas son una forma de adivinación que se remonta a tiempos remotos. Las que usamos habitualmente son la versión nórdica y germánica conocida como el «futhark antiguo». Las veinticinco piedras provienen de un alfabeto de veinticuatro letras más una piedra en blanco *(Wyrd)*. A diferencia de las cartas del tarot, que a algunas personas les cuesta dominar, los símbolos de las piedras rúnicas son muy sencillos y fáciles de interpretar (aunque si no estás familiarizada con ellas, podría serte útil tener un libro, algo que sugiero para este ritual).

Las piedras rúnicas pueden estar hechas de cualquier material, aunque la madera, la arcilla y la roca son los más comunes. Puedes confeccionar fácilmente tu propio juego de piedras rúnicas si no quieres comprar uno, aunque suelen ser bastante económicos. Si trabajas con un grupo más grande de personas, lo más probable es que al menos una integrante del grupo tenga un juego, si es que tú no lo tienes.

Si empleas piedras rúnicas para un ejercicio de adivinación más detallado, puedes colocar todas las runas boca abajo sobre una mesa, pero para este ritual, conviene tenerlas en una bolsa con cierre de cordel que pueda pasarse alrededor del círculo.

Materiales: Bolsa con piedras rúnicas. Libro de runas.

Opcional: Plantas purificadoras o incienso. Velas para llamar a los cuartos. Velas para el Dios o la Diosa. Tambores.

• • •

★ Esto puede hacerse de pie o sentada cómodamente. Puedes lanzar un círculo de forma solemne y llamar a los cuartos antes si quieres, o puedes dedicarte a tocar el tambor o cantar para generar energía. Cuando sientas que la gente está preparada, dale las siguientes instrucciones:

«Dedicad unos minutos a pensar en una pregunta para la cual necesitáis una respuesta o un problema para el que podríais recibir orientación. Fijad esa pregunta con firmeza en vuestra mente. Ahora pasaremos la bolsa de piedras rúnicas alrededor del círculo. Cada una de nosotras sacará una runa para la persona que está a nuestra izquierda. Así que empezaré sacando una runa para la persona que está a mi lado y diré qué es en voz alta. Pasaremos un libro junto con las piedras para quien no sepa utilizarlas. Decid qué runa es, y luego leed en voz alta lo que el libro dice que significa. Si lo desea, la persona para la cual sacasteis la piedra puede decir si la runa fue o no una respuesta útil a su pregunta y cuál era esta, pero podéis reservároslo si preferís. Volved a meter en la bolsa la runa que habéis sacado y removed para mezclar bien las piedras. Luego pasadla a la siguiente persona. Así daremos toda la vuelta al círculo».

★ Una vez que todas hayan tenido su turno, podéis comentar las runas y si os han sido útiles o no. Si el grupo reunido es lo bastante pequeño, puedes pasar la bolsa alrededor del círculo unas cuantas veces, ya sea para responder a diferentes preguntas u obtener mayor claridad sobre una lectura anterior.

★ Si lanzas un círculo de forma solemne y has llamado a los cuartos, etc., despide el círculo de la forma habitual.

CONCLUSIÓN

Puedo decir con sinceridad que algunos de los mejores momentos de mi vida los he pasado en un círculo con mis compañeras brujas. Esto es especialmente cierto para rituales y fiestas compartidas con mi propio aquelarre, el Círculo de la Luna Azul, cuyas integrantes se han convertido en algo más cercano que la propia familia. Pero también he tenido momentos increíbles con grupos grandes, tanto en celebraciones locales como en grandes convenciones, así como con el aquelarre con el que me introduje a la brujería.

Aunque valoro la magia que practico por mi cuenta, se produce una energía especial cuando las brujas se reúnen con un objetivo común y los corazones abiertos. Cuando todo funciona como debería, podemos generar juntas una cantidad asombrosa de poder para el bien de todas nosotras.

Esto no quiere decir que todo el trabajo en grupo sea maravilloso. He asistido a algunos rituales que resultaron ser un espectacular fracaso (aunque la mayoría fueron inofensivos y bastante graciosos vistos en retrospectiva). Y aunque he tenido la suerte de evitar a los pocos líderes de aquelarre que son desagradables y malintencionados, existen algunos por ahí. Como sucede con todo lo demás, sigue siempre tu instinto. Si algo te parece raro, escucha tu sabiduría interior y vete a otra parte.

Sin embargo, en su mayoría, reunirse con otras brujas resulta gratificante, energizante y sencillamente divertido. Si no has sacado nada más de este libro, espero que al menos hayas aprendido que las viejas reglas ya no se siguen. Puedes encontrar o crear el aquelarre que se adapte a tus necesidades, tanto mágicas como mundanas.

Tanto si te reúnes con una persona como con cincuenta, lo haces en las lunas llenas o en los sabbats, te vistes con trajes elegantes o llevas vaqueros y camiseta, en algún lugar hay un aquelarre para ti. Y, si no lo hay, tal vez ha llegado el momento de crear el tuyo. Si lo haces, no dudes en utilizar este libro como punto de partida, pero recuerda que puedes cambiar cualquier parte para que se ajuste mejor a tu idea de lo que es un aquelarre.

Las únicas reglas, en realidad, son respetar a la gente con la que practicas la magia, mantener las líneas de comunicación abiertas, ser clara sobre lo que está bien y lo que no, y abordar tu actividad en grupo con una mente y un corazón abiertos. Se dice que las brujas adoran a los dioses tanto con reverencia como con alegría. No olvides divertirte, pero también trata tu práctica de la magia y a los dioses con el respeto que merecen.

Y como dice al final de la Rede Wicca: «Sigue esto con la mente y el corazón, y feliz encuentro y feliz partida».

Hasta que nos volvamos a encontrar, bendita seas.

Deborah Blake

apéndice

Términos habituales

Hay algunas palabras y términos que se utilizan en la práctica de la brujería que podrían resultarte desconocidos si estás empezando a recorrer este camino. Puede que incluso te hayas encontrado con algunos mientras leías este libro. Por supuesto, siempre puedes buscar la información en Internet o en cualquier otro sitio, pero para facilitarte la tarea, a continuación te presento los fundamentales.

Adivinación. La adivinación es una forma de buscar respuestas o conocimiento sobre el futuro. Puede implicar una serie de herramientas, como el tarot, las piedras rúnicas, las cartas del oráculo, superficie lisa y reflectante, etc. Proviene de una palabra latina que significa «prever, anticipar, predecir» y, de hecho, está relacionada con la palabra «divino», lo que sugiere que este conocimiento puede provenir de los dioses.

Bastón de la palabra. Un palo o cualquier otro objeto (puede ser desde una piedra hasta una copa) que se pasa alrededor del círculo durante el ritual. Suele utilizarse al final y permite que cada participante tenga un momento para hablar sin interrupciones de lo que siente de corazón.

Bendición. Solemos hablar de bendecir y consagrar herramientas nuevas o un espacio que se utiliza para el trabajo mágico. Básicamente se trata de pedirle a la Diosa y al Dios (o como quieras llamar a la divinidad) que envíen sus bendiciones. Esto otorga poder y espíritu a lo que sea o quien sea (como un bebé recién nacido) que está siendo bendecido.

Bruja ecléctica. Es aquella que toma elementos de diferentes modalidades de brujería (y, ocasionalmente, de otros caminos espirituales) y los combina para dar con una actividad que funcione para ella. Por ejemplo, yo utilizo partes del tipo de brujería wiccana que me enseñaron en mis inicios, algunas prácticas de la brujería tradicional más antigua, brujería de cocina, brujería verde e incluso el budismo zen que estudié antes de convertirme en bruja.

Carga de la Diosa. Poema wiccano tradicional que a veces se recita como parte de un ritual, normalmente al principio, pero no siempre. Puede ser muy poderoso y conmovedor. Existe una «Carga del Dios», menos utilizada, que se escribió más tarde.

Consagrar. Se relaciona con bendecir, pero se refiere a destinar a un uso mágico positivo aquello que se está consagrando (una herramienta nueva, una bolsa de amuletos, una baraja de tarot).

Cuartos. Nos referimos múltiples veces a los cuatro cuartos. Son las direcciones que se utilizan en el trabajo mágico y hay cuatro, cada una con sus propias asociaciones: este (aire), sur (fuego), oeste (agua) y norte (tierra).

Dedicación. Suele ser el acto de comprometerte formalmente, ya sea con un aquelarre o con los dioses. Algunos grupos piden a las integrantes nuevas que hagan una dedicación al cabo de un año y un día, otros solo quieren que la gente la haga cuando se sienta preparada y algunos (como el mío y otros aquelarres eclécticos) no realizan necesariamente una dedicación. De hecho, hicimos una dedicación en grupo cuando fundamos el Círculo de la Luna Azul, pero no hemos hecho ninguna individual para las personas que se unieron después. Las brujas también pueden hacer una dedicación a los dioses en general o a una divinidad en concreto. Cuando me convertí en suma sacerdotisa, hice una dedicación personal muy pequeña en la que me comprometí a servir a los dioses y a mis compañeras brujas.

Divinidad. Palabra genérica para designar a cualquier dios o diosa.

Deosil. Movimiento realizado en el sentido de las agujas del reloj, a veces para practicar una magia positiva o constructiva, o para cerrar un círculo. Casi todos los movimientos dentro de un círculo mágico se realizan en sentido deosil, aunque esto signifique caminar alrededor de todo el círculo para volver al punto de partida. Esto es lo tradicional, pero no tienes que seguirlo si no quieres.

Destierro. «Desterrar» significa «deshacerse de algo». En el ámbito de la magia, esto puede ser físico (problemas de salud, adicción), psicológico (depresión, malos hábitos, repetición de patrones que ya no te sirven), espiritual (energías oscuras, aunque puede ser difícil de determinar si proceden del interior o del exterior), o incluso personas. Ten mucho cuidado si utilizas la magia para desterrar a alguien de tu vida: casi siempre es permanente y puede que no tengas la oportunidad de cambiar de opinión. Cuando los grupos hacen juntos trabajos de destierro, suelen ser de naturaleza más general. Por ejemplo, todos pueden escribir las cosas que quieren desterrar de sus vidas y se turnan para tirar los papelitos al fuego de Samhain.

Dioses antiguos. Algunas brujas utilizan este término para referirse a cualquier divinidad precristiana. Así que puedes decir que adoras a los dioses antiguos si alguien te pregunta qué camino religioso sigues.

Doncella, madre y anciana. Algunas diosas que adoramos en la brujería son diosas triples de algún tipo, lo que significa que se manifiestan como tres aspectos distintos. Hécate y Brígida son los principales ejemplos. «Doncella», «madre» y «anciana» son términos que se relacionan con las tres etapas de la vida de la mujer (básicamente, antes, durante y después de la capacidad de una mujer para engendrar, lo que no está ligado a un calendario concreto). En formas más tradicionales de la práctica wiccana, podrían ser roles en un grupo o ritual. También están vinculados a las distintas fases del ciclo lunar: creciente, llena y menguante.

Elemento. Es un término que suele aplicarse a los cuatro elementos: tierra, aire, fuego y agua. También se les denomina «poderes elementales». A veces se considera que el espíritu es un quinto elemento y el más importante de todos.

Esbats. Rituales y celebraciones lunares que tienen lugar en luna llena o luna nueva.

Intención. El objetivo de un hechizo o trabajo mágico; también la concentración de energía utilizada para realizarlo. La intención es uno de los componentes más importantes del trabajo con hechizos. Para tener éxito, necesitas ser clara acerca de tus intenciones al lanzar un conjuro.

Invocación. Se trata de un llamamiento, una oración o una convocación. Cuando hablamos de invocaciones en brujería, solemos referirnos a invitar a los elementos o a las divinidades a entrar en nuestro espacio mágico.

Ley de Tres. Este es un precepto wiccano aceptado normalmente, según el cual todo lo que envías al universo vuelve a ti multiplicado por tres. Por lo tanto, si haces magia positiva, cosecharás las recompensas multiplicadas por tres, pero si haces magia dañina, esta volverá y te morderá en el trasero. Algunas personas llaman a esto la Ley del Retorno, que es un poco más sencillo y significa básicamente que lo que das es lo que lo que recibes de vuelta. Yo creo en esto, y lo he comprobado, aunque es cierto que puedes mirar a tu alrededor y ver a mucha gente haciendo cosas horribles sin ningún castigo aparente. Sin embargo, para mí, este concepto se alinea con mi creencia de que es importante que seamos conscientes de lo que damos al mundo.

Llamadas a los cuartos. Son las invocaciones que hacemos para invitar a los poderes de los cuartos a entrar en nuestro espacio sagrado. Pueden ser tan sencillas como «Poderes del este, el elemento del aire, te ruego que te unas a mí en mi círculo» o mucho más elaboradas. Siempre deben pronunciarse con respeto.

Mundano. No se trata de un insulto en absoluto. Es solo la palabra que utilizan algunas personas para indicar la parte de su vida que no es mágica. Yo tengo mis amigos mundanos y mis amigos brujos, por ejemplo. Desde la aparición de los libros de Harry Potter, algunas brujas han adoptado el término «muggle», pero no es tan habitual.

Pagano. Alguien que adora a los dioses antiguos (casi siempre incluyen al menos una diosa) y sigue una religión basada en la naturaleza. No todas las paganas son brujas, pero todas las brujas son paganas. El término «pagana» proviene de una palabra que significaba «habitante del campo» y se refería al hecho de que la gente que vivía en el campo en Europa fue la última en ser absorbida por la nueva religión cristiana. Yo me refiero a mí misma como pagana y como bruja, pero definitivamente hay paganas que no son brujas y que se sentirían insultadas si das por sentado que lo son.

Pasteles y cerveza. Esta es una parte del ritual en la que se pasa algún tipo de comida y bebida alrededor del círculo. Suele ser antes del final, después de que se haya realizado todo el trabajo mágico importante. Sirve para volver a conectar a las participantes con el mundo real y también simboliza los lazos que nos unen como brujas. Si tienes invitadas que no conoces bien o si hay participantes que no tienen la edad mínima legal para beber, es mejor limitarse a la cerveza sin alcohol. Si en tu grupo hay alguien que tiene problemas con el alcohol, siempre es mejor servir zumo o agua. La sidra es un buen sustituto, sobre todo en otoño. También nos gusta el zumo de granada, que es sustancioso y delicioso, y se relaciona con la diosa Perséfone.

Pentáculo. Símbolo de brujería muy utilizado y que consiste en una estrella de cinco puntas con un círculo alrededor. Las cinco puntas representan los cinco elementos: tierra, aire, fuego, agua y espíritu, y el círculo es el universo que los contiene a todos, o la unidad. Un pentagrama, que está estrechamente relacionado con el pentáculo, es una estrella de cinco puntas dibujada con una línea continua. También lo utilizan las brujas, pero ha aparecido históricamente en muchas otras culturas y religiones. El pentáculo suele utilizarse para la protección, así como para simbolizar la brujería.

Purificar y despejar. Hablamos mucho de esto. En el trabajo mágico, purificar no se refiere a la limpieza física, sino más bien a limpiar la energía de las personas, lugares u objetos. Puedes limpiar el círculo antes de empezar un ritual o de utilizar una nueva herramienta, especialmente si antes pertenecía a alguien y quieres librarla de cualquier energía sobrante. Cuando me mudé a mi casa, mi grupo vino a purificarla de arriba abajo, no porque estuviera en malas condiciones, sino simplemente para limpiar la energía del ocupante anterior y poder hacerla mía. Luego bendijimos la casa.

Rede Wicca. La forma más larga es un poema elaborado, escrito en lenguaje arcaico, que compuso Doreen Valiente, a veces llamada «la madre de la brujería moderna». Se usaba a menudo en los primeros tiempos durante los rituales, y explica las reglas de la wicca tal y como eran cuando comenzó su actividad. La forma más resumida («Haz lo que desees mientras no hagas daño a nadie») suele considerarse la regla de oro de la wicca. La siguen algunas brujas, pero no todas, y básicamente significa que puedes hacer lo que te plazca siempre que no hagas daño a nadie. Dado que eso te incluye a ti misma, el concepto es más complicado de lo que parece a simple vista.

Ritual de unión de manos (*handfasting*). Rito matrimonial pagano. Puede ser una ceremonia solemne o un ritual que, aunque sea espiritual, no resulta vinculante. Algunos se hacen para un año y un día y otros son para toda la vida, como cualquier otra boda. El término proviene del significado de *hand fastening* («atar con la mano»), porque se suele atar a la pareja con un cordón durante la ceremonia para simbolizar que se unen como una sola persona.

Rueda del Año. El calendario pagano de las fiestas y el cambio de las estaciones. El trabajo mágico se hace a menudo conforme al lugar en que se esté en la Rueda del Año, ya que la energía de la Tierra cambia con las estaciones. Así, la magia para los nuevos comienzos puede realizarse en el equinoccio de primavera, mientras que la magia para dejar ir podría hacerse en Samhain, la última de las tres fiestas de la cosecha.

Sabbat. Una de las ocho fiestas del calendario pagano, que incluye los dos solsticios, dos equinoccios y cuatro festividades de cuartos cruzados que tienen lugar entre ellos. Son Imbolc (2 de febrero), Ostara (equinoccio de primavera, alrededor del 21 de marzo); Beltane (1 de mayo); *Midsummer* (solsticio de verano, alrededor del 21 de junio); Lammas (2 de agosto); Mabon (equinoccio de otoño, alrededor del 21 de septiembre); Samhain (31 de octubre) y Yule (solsticio de invierno, alrededor del 21 de diciembre). Las fechas de los solsticios y equinoccios varían ligeramente cada año.

Solitaria. Bruja que practica sola en lugar de hacerlo en grupo. La mayoría de las brujas que pertenecen a un aquelarre también hacen un trabajo individual, pero una bruja solitaria es la que siempre o casi siempre practica por su cuenta.

Sumo Sacerdote o Suma Sacerdotisa. Líder espiritual pagano(a), por lo general, alguien que tiene muchos años de experiencia. Este es un término más wiccano que de la brujería en general, aunque puede variar de un grupo a otro. Técnicamente, yo soy la suma sacerdotisa del Círculo de la Luna Azul, pero ya ni siquiera uso el término. En la wicca tradicional, se solía pasar por tres niveles de formación antes de convertirse en sumo sacerdote o suma sacerdotisa. La posición conlleva cierta responsabilidad, no solo para con el propio grupo, sino también para con la comunidad pagana en general (piensa en ello como si fuera un ministro), y no es algo que deba tomarse a la ligera.

Wicca. Una forma moderna de practicar la brujería que fue traída de Inglaterra en la década de 1940. Desde entonces se ha ramificado y ha dado pie a muchas variantes, ninguna de las cuales sigue las mismas creencias o principios. Las prácticas wiccanas originales solían implicar una iniciación en al menos tres niveles y rituales solemnes muy complejos. Todas las wiccanas son brujas, pero no todas las brujas son wiccanas.

Widdershins. Movimiento que se realiza en el sentido contrario a las agujas del reloj, utilizado normalmente para desterrar, desatar o abrir un círculo mágico al final de un ritual.

Etiqueta de rituales

Si bien es cierto que la brujería tiene muy pocas reglas irrevocables, y que incluso estas pueden ser una opción personal, hay algunas cuestiones de etiqueta ritual básica que suelen observarse cuando se trabaja con un grupo. Si tu aquelarre decide no seguir una o más de estas reglas, no hay problema, pero hasta que hayáis tenido una discusión al respecto (o si eres una invitada al ritual de otro aquelarre) lo mejor es atenerse a estas reglas a menos que se diga lo contrario.

Esta lista en particular se remonta a la fundación del Círculo de la Luna Azul, y por lo tanto puede encontrarse en la mayoría de mis libros que hablan de rituales. Se publicaron originalmente en mi primer libro, *Circle, Coven & Grove: A Year of Magickal Practice* («Círculo, aquelarre y huerto: un año de práctica de la magia») (Llewellyn, 2007).

◑ **Siempre que te muevas alrededor del círculo, hazlo en el sentido de las agujas del reloj (deosil).** La única excepción es cuando estés haciendo un ejercicio de destierro, en cuyo caso se camina en sentido contrario a las agujas del reloj (*widdershins*).

● **Una vez lanzado el círculo, no debe romperse.** Una vez lanzado, el círculo existe fuera del tiempo y el espacio, y es un lugar seguro y sagrado. Si necesitas abandonar el espacio del círculo por algún motivo, debes hacer que alguien «recorte una salida» para ti. Para hacerlo se traza la forma de una puerta con un athame o el dedo, empezando en el suelo, subiendo hacia arriba y a un lado, y luego nuevamente hacia abajo. Para volver a recortar una entrada para alguien en el círculo, dibuja la puerta en sentido contrario.

● **Nunca toques las herramientas de otra bruja sin permiso.**

● **Es importante mantener la atención y la concentración; nadie debe charlar durante la parte principal del ritual.** Puede haber una charla informal durante situaciones que requieran menos concentración, como en los proyectos de manualidades.

● **Todo lo que se dice en círculo permanece en círculo.** Es crucial que el círculo sea un lugar seguro en el que todas las que asistan se sientan libres de decir lo que tienen en el corazón. Esto significa que nada de lo que se diga de forma confidencial puede repetirse. Esto también significa que nunca debes contar a nadie fuera del círculo ningún detalle de lo ocurrido dentro, incluidos los nombres de los que han asistido al ritual. No todo el mundo está fuera del armario de las escobas, y algunas personas prefieren que otros no sepan que practican la brujería. Esta es una de las razones por las que algunas brujas utilizan nombres mágicos en lugar de nombres reales.

- **Cuando se pasa el bastón, solo puede hablar la persona que lo tiene.** Será tu turno de hablar cuando el bastón llegue a ti. Sé respetuosa con las demás y dale toda tu atención a quien tenga el bastón.

- **Muestra respeto por los dioses y los elementos poniéndote de pie durante las llamadas e invocaciones a los cuartos y volviéndote con el resto del círculo para mirar en las direcciones correspondientes.** Si no sabes qué hacer, debes copiar a las demás. Si físicamente no puedes estar de pie, no hay problema. Los dioses lo entenderán.

- **Muestra respeto por las demás personas en el círculo.** No digas cosas negativas a los demás sobre aquellas con las que practicas. Intenta no juzgar ni criticar. Después de todo, no querrás que otros te juzguen a ti.

- **Acude al círculo purificada y preparada para hacer magia.** Si es posible, conviene bañarse antes de los rituales. Nunca lleves perfumes o colonias, ya que muchas personas son alérgicas o se distraen con los olores fuertes. Si tu aquelarre se viste de modo elegante, usa ropa apropiada. El atuendo de bruja es cualquier ropa que guardas para el trabajo mágico: usualmente, túnicas, vestidos elegantes o capas. Si no tienes este tipo de atuendo, al menos vístete con pulcritud.

- **Nunca vengas al círculo bajo la influencia de drogas o alcohol.** Se trata de una falta de respeto tanto a los dioses como a tus compañeras de círculo, y hace que sea casi imposible generar energía de forma productiva.

- **No hagas preguntas personales a las participantes que no conozcas bien.** Se trata nuevamente de la cuestión de la privacidad. La gente proporcionará información de modo voluntario (como dónde trabajan) cuando esté preparada.

- **Respeta la identidad de género de las integrantes del grupo.** Si alguien pide que se le llame por un pronombre alternativo, como «elle», haz lo posible por hacerlo. Si te equivocas y lo olvidas, pide disculpas e intenta recordarlo la próxima vez. La brujería es una religión amable y sin prejuicios, y el Dios y la Diosa aceptan a todos los que acuden a ellos.

Lecturas recomendadas

Diosas

Auset, Brandi (2009), *The Goddess Guide: Exploring the Attributes and Correspondences of the Divine Feminine*, Llewellyn, Woodbury, MN.

Illes, Judika (2005), *Encyclopedia of Witchcraft: The Complete A-Z for the Entire Magical World*, HarperElement, Londres.

Jordan, Michael (1993), *Encyclopedia of Gods: Over 2,500 Deities of the World*, Facts of File, Nueva York, NY.

Loar, Julie (2008, 2011), *Goddesses for Every Day: Exploring the Wisdom & Power of the Divine Feminine Around the World*, New World Library, Novato, CA.

Monaghan, Patricia (2014), *Encyclopedia of Goddesses & Heroines*, New World Library, Novato, CA.

(1999), *The Goddess Path: Myths, Invocations & Rituals*, Llewellyn, St. Paul, MN.

Sky, Michelle (2007), *Goddess Alive! Inviting Celtic & Norse Goddesses into Your Life*, Llewellyn, Woodbury, MN.

(2010), *Goddess Aloud! Transforming Your World Through Rituals & Mantras*, Llewellyn, Woodbury, MN.

Telesco, Patricia (1998), *365 Goddess: A Daily Guide to the Magic and Inspiration of the Goddess*, HarperOne, Nueva York, NY.

Conceptos básicos de la brujería y práctica general

Blake, Deborah (2008), *The Everyday Witch A to Z: An Amusing, Inspiring & Informative Guide to the Wonderful World of Witchcraft*, Llewellyn, Woodbury, MN.

(2017), *A Year and a Day of Everyday Witchcraft: 366 ways to Witchify your Life*, Llewellyn, Woodbury, MN.

(2018), *The Little Book of Cat Magic: Spells, Charms & Tales*, Llewellyn, Woodbury, MN.

Buckland, Raymond (1990), *El libro completo de la brujería de Buckland*, Luis Cárcamo Editor, Madrid.

(2001), *Wicca for Life: The Way of the Craft. From Birth to Summerland*, Citadel Press, Nueva York, NY.

Cunningham, Scott (2008), *Wicca: una guía para la práctica individual*, Arkano Books, Madrid.

Dubats, Sally (2002), *Natural Magick*, Citadel, Nueva York, NY.

Grimassi, Raven (2003), *Spirit of the Witch: Religion & Spirituality in Contemporary Witchcraft*, Llewellyn, St. Paul, MN.

Holland, Eileen (2000), *The Wicca Handbook*, Samuel Weiser, York Beach, ME.

McCoy, Edain (2003), *The Witch's Coven: Finding or Forming Your Own Circle*, Llewellyn, St. Paul, MN.

Seville, Christine (2003), *Practical Wicca the Easy Way: Spells and Rituals to Heal and Harmonize Your Life*, Sterling, Nueva York, NY.

Trobe, Kala (2003), *The Witch's Guide to Life*, Llewellyn, St. Paul, MN.

Tuitéan, Paul and Estelle Daniels (1998), *Pocket Guide to Wicca*, Crossing Press, Freedom, CA.

Plantas purificadoras

Cunningham, Scott (2020), *El libro completo de aceites, inciensos e infusiones*, Arkano Books, Madrid.

(2021), *Enciclopedia de las hierbas mágicas*, Arkano Books, Madrid.

(2003), *Herbalismo mágico*, Llewellyn, St. Paul, MN.

Dugan, Ellen (2005), *Cottage Witchery: Natural Magick for Hearth and Home*, Llewellyn, St. Paul, MN.

(2003), *Garden Witchery: Magick from the Ground Up*, Llewellyn, St. Paul, MN.

Dunwich, Gerina (1996), *The Wicca Garden: A Modern Witch's Book of Magickal and Enchanted Herbs and Plants*, Carol Publishing Group, Secaucus, NJ.

Morrison, Dorothy (2001), *Bud, Blossom, & Leaf: The Magical Herb Gardener's Handbook*, Llewellyn, St. Paul, MN.

Piedras preciosas

Chase, Pamela Louise y Jonathan Pawlik (2002), *Healing with Gemstones*, New Page, Franklin Lakes, NJ.

Cunningham, Scott (1988), *Cunningham's Encyclopedia of Crystal, Gem & Metal Magic*, Llewellyn, St. Paul, MN.

Rituales y hechizos

Barrette, Elizabeth (2007), *Composing Magic: How to Create Magical Spells, Rituals, Blessings, Chants, and Prayer*, New Page, Franklin Lakes, NJ.

Blake, Deborah (2007), *Circle, Coven & Grove: A Year of Magickal Practice*, Llewellyn, Woodbury, MN.

(2010), *Everyday Witch A to Z Spellbook: Wonderfully Witchy Blessings, Charms & Spells*, Llewellyn, Woodbury, MN.

(2012), *Everyday Witch Book of Rituals: All You Need for a Magickal Year*, Llewellyn, Woodbury, MN.

Connor, Kerri (2003), *The Pocket Spell Creator: Magickal References at Your Fingertips*, New Page Books, Franklin Lakes, NJ.

Dugan, Ellen (2006), *The Enchanted Cat: Feline Fascinations, Spells & Magick*, Llewellyn, Woodbury, MN.

Galenorn, Yasmine (1998). *Embracing the Moon: A Witch's Guide to Ritual Spellcraft and Shadow Work*, Llewellyn, St. Paul, MN.

Hardie, Titania (2003), *Titania's Magical Compendium: Spells and Rituals to Bring a Little Magic into Your Life*, Thunder Bay, San Diego, CA.

Johnstone, Michael (2003), *The Ultimate Encyclopedia of Spells: 88 Incantations to Entice Love, Improve a Career, Increase Wealth, Restore Health, and Spread Peace*, Gramercy, Nueva York, NY.

Nahmad, Claire (1993), *Catspells: A Collection of Enchantments for You and Your Feline Companion*, Running Press, Philadelphia, PA.

Renée, Janina (2004), *By Candlelight: Rites for Celebration, Blessing & Prayer*, Llewellyn, St. Paul, MN.

Telesco, Patricia (1999), *Your Book of Shadows: How to Write Your Own Magickal Spells*, Carol Publishing, Secaucus, NJ.

West, Kate (2004), *The Real Witches' Year: Spells, Rituals and Meditations for Every Day of the Year*, Element, Londres.

Wood, Gail (2004), *Rituals of the Dark Moon: 13 Lunar Rites for a Magical Path*, Llewellyn, St. Paul, MN.

Sabbats y tradiciones lunares

Cole, Jennifer (2007), *Ceremonies of the Seasons: Exploring and Celebrating Nature's Eternal Cycle*, Duncan Baird, Londres.

Dunwich, Gerina (2000), *The Pagan Book of Halloween: A Complete Guide to the Magick, Incantations, Recipes, Spells, and Lore*, Penguin Compass, Nueva York, NY.

Green, Marion (1991), *A Witch Alone: Thirteen Moons to Master Natural Magic*, Thorsons, Londres.

Kynes, Sandra (2004), *A Year of Ritual: Sabbats & Esbats for Solitaries & Covens*, Llewellyn, St. Paul, MN.

Morrison, Dorothy (2003), *Everyday Moon Magic*, Llewellyn, St. Paul, MN.

Ravenwolf, Silver (1999), Halloween: Customs, Recipes & Spells, Llewellyn, St. Paul.

Historia, clásicos y prácticas tradicionales

Adler, Margot (2006), *Drawing Down the Moon: Witches, Druids, Goddess-Worshippers, and Other Pagans in America*, Penguin, New York, NY.

Fitch, Ed (1984), *Magical Rites from the Crystal Well: A Classic Text for Witches & Pagans*, Llewellyn, St. Paul, MN.

Starhawk (1999), *The Spiral Dance: A Rebirth of the Ancient Religion of the Great Goddess*, HarperSanFrancisco, San Francisco, CA.

Telesco, Patricia, ed. (2005), *Cakes and Ale for the Pagan Soul: Spells, Recipes, and Reflections from Neopagan Elders and Teachers*, Crossing Press, Berkeley, CA.

Wildman, Laura, ed. (2005), *Celebrating the Pagan Soul: Our Own Stories of Inspiration and Community*, Citadel, Nueva York, NY.

Dioses o Diosas (Otros)

Bolen, Jean Shinoda (2001), *Goddesses in Older Women: Archetypes in Women Over Fifty*, HarperCollins, Nueva York, NY.

Wood, Gail (2006), *The Wild God: Rituals and Meditations on the Sacred Masculine*, Spilled Candy Books, Niceville, FL.

Prácticas individuales

Ardinger, Barbara (2006), *Pagan Every Day: Finding the Extraordinary in Our Ordinary Lives*, Red Wheel/Weiser, San Francisco, CA.

Blake, Deborah (2009), *The Goddess Is in the Details: Wisdom for the Everyday Witch*, Llewellyn, Woodbury, MN.

(2015), *Everyday Witchcraft: Making Time for Spirit in a Too-Busy World*, Llewellyn, Woodbury, MN.

(2021), *The Eclectic Witch's Book of Shadows*, Llewellyn, Woodbury, MN.

Curott, Phyllis (1998), *Book of Shadows: A Modern Woman's Journey into the Wisdom of Witchcraft and the Magic of the Goddess*, Broadway Books, New York, NY.

Digitalis, Raven (2008), *Shadow Magick Compendium*, Llewellyn, Woodbury, MN.

Dubats, Sally (1999), *Natural Magick: The Essential Witch's Grimoire*, Kensington, Nueva York, NY.

Dumars, Denise (2006), *Be Blesséd: Daily Devotions for Busy Wiccans and Pagans*, New Page, Franklin Lakes, NJ.

Eilers, Dana D. (2002), *The Practical Pagan: Commonsense Guidelines for Modern Practitioners*, New Page, Franklin Lakes, NJ.

Henes, Donna (2005), *The Queen of My Self: Stepping into Sovereignty in Midlife*, Monarch Press, Brooklyn, NY.

McCoy, Edain (2002), *Spellworking for Covens: Magick for Two or More*, Llewellyn, St. Paul, MN.

Moura, Ann (1996), *Green Witchcraft: Folk Magic, Fairy Lore & Herb Craft*, Llewellyn, St. Paul, MN.

Singer, Marion (2006), *A Witch's 10 Commandments: Magickal Guidelines for Everyday Life*, Provenance Press, Avon, MA.

Sylvan, Dianne (2003), *The Circle Within: Creating a Wiccan Spiritual Tradition*, Llewellyn, St. Paul, MN.

Weinstein, Marion (1994), *Positive Magic: Occult Self-Help*, Earth Magic, Nueva York, NY.

Correspondencias y referencias

Greer, John Michael (2003), *The New Encyclopedia of the Occult*, Llewellyn, St. Paul, MN.

Grimassi, Raven (2000), *Encyclopedia of Wicca & Witchcraft*, Llewellyn, St. Paul, MN.

Guiley, Rosemary Ellen (2006), *Encyclopedia of Magic and Alchemy*, Facts On File, Nueva York, NY.

(1999), *The Encyclopedia of Witches & Witchcraft. Second Edition*, Facts On File, Nueva York, NY.

Holland, Eileen (2006) *Holland's Grimoire of Magickal Correspondences: A Ritual Handbook*, New Page, Franklin Lakes, NJ.

Illes, Judika (2005), *Encyclopedia of Witchcraft: The Complete A-Z for the Entire Magical World*, HarperElement, Londres.

McColman, Carl (2002), *The Well-Read Witch: Essential Books for Your Magickal Library*, New Page, Franklin Lakes, NJ.

Rosean, Lexa (2005), *The Encyclopedia of Magickal Ingredients: A Wiccan Guide to Spellcasting*, Pocket Books, Nueva York, NY.

Aprendizaje avanzado

Bonewits, Isaac (1989), *Real Magic: An Introductory Treatise on the Basic Principles of Yellow Magic*, Samuel Weiser, Boston.

Cunningham, Scott (1991), *Earth, Air, Fire & Water: More Techniques of Natural Magic*, Llewellyn, St. Paul, MN.

(1993), *Living Wicca: A Further Guide for the Solitary Practitioner*, Llewellyn, St. Paul, MN.

de Angeles, Ly (2000), *Witchcraft: Theory and Practice*, Llewellyn, St. Paul, MN.

Penczak, Christopher (2006), *The Mystic Foundation: Understanding & Exploring the Magical Universe*, Llewellyn, Woodbury, MN.

Telesco, Patricia (2000), *Advanced Wicca: Exploring Deeper Levels of Spiritual Skills and Masterful Magick*, Citadel Press, New York, NY.

Weinstein, Marion (2003), *Earth Magic: A Book of Shadows for Positive Witches*, New Page, Franklin Lakes, NJ.